# Digte i tiden

*NIELS VOGEL*

# Digte i tiden

© 2021 – Niels Vogel

Forlag: BoD – Books on Demand, Hellerup, Danmark

Tryk: BoD – Books on Demand, Norderstedt, Tyskland

ISBN 978-87-4303-814-6

# Indhold

# Af en endnu levendes sygejournal

Sig nærmer tiden
Året går på hæld
Mine venner dør omkring mig
Min hund ligger på det yderste
og selv har jeg det heller ikke for godt
Jeg hoster og harker
Det knager og brager
og svier og smerter
dunker og flimrer
fra morgen til aften
og natten med
Alle mine længsler de kredser om dette ene
Måtte min migræne migrere
Min rosen visne
Mine nedgroede negle gro op igen
Og gid der lå en landmine
under min tandpine
Og gid min ligtorn lå lig
Må mine galdesmerter lide en grusom død
Må mine hæmorider ride ad Bloksbjerg til
sammen med mit kroniske hekseskud
Og gid fanden havde min helvedes ild
Måtte en truck
køre bort med min brok
Og må alt hvad min smertende og skamløse tarm
har sagt af upassende ting blive brugt imod den
Min tilstand er ikke kun alvorlig

Den er gravalvorlig
Jeg befinder mig i yderste livs- og dødsfare
men i denne alvorsstund trækker jeg en streg i sandet
Rør ikke
alle de skrammer jeg fik
da jeg faldt for dig
Kærlighedens blinde øje
Mit hjertets svaghed for dig
Den svimmelhed
jeg oplever sammen med dig
Og sidst men ikke mindst
Rør ikke den smerte
der rimer på hjerte
Det bliver over mit lig
Så længe jeg lever

# Anmeldelse

At anmelde denne bog
det skulle da være til miljømyndighederne
Det er den grimmeste skønlitteratur i mands minde
Den største læsebæ
der har ligget på boghandlerens disk i nyere tid
Det er en stinker
Det er det værste gylle
der endnu er spredt ud over læserne
Det skal vare længe før luften over det litterære Danmark
igen kan indåndes
uden fare for skader på krop og sjæl
Den spreder gift og fordærv
En sådan udgivelse
eller udgydelse
burde forsynes med de reglementerede koder
for giftigt affald
og behandles der efter

Karakter: 5 dødningehoveder

P.S.
Jeg har sendt mit anmeldereksemplar direkte til
Kommunekemi
Forseglet
og som eksprespakke

P.P.S.

Skulle nogen få den tanke
at denne anmeldelse er affødt
af forfatterens nedsabling af min digtsamling
for et halvt år siden
vil jeg betegne det som den rene konspiration

# Anorexi

Jeg er holdt op med at spise
Jeg vil ikke længere føde på min vrede
som uden videre har invaderet mit hus
og sat sig ved bordet
og bare guffet i sig
Ubehersket umættelig
og ubehøvlet synes jeg
Det var tydeligt
at den tog på
blev fed uformelig
og fjærtende
Aldrig kunne jeg nyde et måltid
i fred og ro
Den indfandt sig punktligt
til måltiderne
Alle sammen
Jeg har forsøgt at spise i smug
men pludselig sad vreden der
fra ud af ingenting
og spiste med
Eller rettere
den huggede i sig
Til sidst var den vokset til en størrelse
som truede med at overmande mig
At tage magten fra mig
Hvis den bliver berøvet sin næring
så må den da svinde ind

måske til ingenting
Der må da også være noget der hedder
anorexi for vrede
Jeg går så og venter på
hvem der først bukker under
Mig eller min vrede

# Auktion

Velkommen til auktionen over titlen
som den mest nedrige person i Danmark
Vi starter med et indtelefoneret bud fra hr. Kim Behnke
Værsgo´
"Alle somaliere kan hjemsendes
ved at blive fløjet til deres hjemland
og smidt ud med faldskærme"
Et flot udlæg må jeg sige
Er der nogen lavere
Ja, hr. Camre, værsgo`
"Alle Vestens lande er infiltreret af muslimer
Nogle af dem taler pænt til os
mens de venter på at blive nok til at slå os ihjel"
Nu er vi ved at komme der ned ad
Er der nogen lavere
Første gang
Ja, Mogens Glistrup
lad os høre deres bud
"Selvfølgelig er jeg racist
Det er alle gode danskere
Enten er man racist
eller også er man landsforræder"
Ja tak
Nogen lavere
Jamen hr. Glistrup
Vil de byde under dem selv
"Jeg er for udlicitering af muhamedanere

ligesom med affald til ulandene"
Ja nu skraber vi bunden
Nogen lavere
Første og anden gang
Et bud på falderebet
Hr. Lars Hedegaard værsgo´
"De voldtager deres egne børn
Det hører man hele tiden
Piger i muslimske familier bliver voldtaget
af deres onkler deres fætre eller deres far"
Det er sandelig et bud der vil noget
Hører jeg noget lavere
Første
anden
tredje gang
Titlen som Danmarks mest nedrige person til den herre

# Båltale

Så blev det Sct. Hans
Så nåede solen og lyset sit klimaks
for straks at begynde nedstigningen
til årets nulpunkt
Ned ad bakke
mod mørke og depression
Nu kan vi kun vente på de sorte fugle
og de nøgne træer
Lad dig ikke forstyrre af sommerdage
med hedebølge bikinier og isvafler
Illusioner på rad og række
Det er kun afsporinger af den kendsgerning
at det hele går
om ikke ad helvede til
så godt derned ad
Alle de lyse dage er én lang afsked
med det skrøbelige livsmod
og drømmene om lykke og lyse nætter
Det er blår i øjnene og sirenesang i ørerne
Bind dig til masten
og hold blikket stift rettet mod mørket
Det kommer før du aner
Det er ikke kun en overgang
Nej det er en undergang der venter
Glædelig Sct. Hans

# Afstand

Det er kommet bag på selv de skarpeste
hjerner
at det er vores vilje til at holde afstand
der har tæmmet den grimme virus
Herfra skal lyde en opfordring
til at afstandsreglen vinder større indpas i
samfundet
Lad der være endnu større afstand mellem
alle de hjemmegjorte ideer
om årsager til og strategier mod smitten
Og tilsvarende afstand mellem angreb på folk
der ved hvad de snakker om
Men selvfølgelig
hvis disse folk
svigter vores tillid
så tager vi kraftigt afstand fra dem

# Dating

For at sige det
som det er
Jeg er ikke a-menneske
Kan ikke kaldes morgenduelig
Jeg er ikke engang
et b-menneske
Om morgenen
og et godt stykke op ad dagen
er jeg nærmest et
zzz-menneske

Trods min fremskredne alder
sover jeg ikke til middag
Jeg sover til middag
dybt bedøvet
og efter at have ligget til opvågning
et par timer
står jeg op
Så er det tid til
at dagdrømme
Og hvad drømmer jeg så om

Jeg drømmer om dig
Et a-menneske med stort A
En der kan tage morgenvagten
mens jeg tager hundevagten

Jeg drømmer også om en kvinde
som i tilfælde af overlap
mellem vore vågne perioder
kan give et kvalificeret modspil
til min maniske snak om
livet og døden
Mest døden
Den drømmeløse søvn
Det eneste man kan komme
sovende til
her i livet

Skriv snart
min drømmepige
og vis at du er af kød og blod
og ikke bare består
af det stof
som dagdrømme gøres af

# De gode gamle dage

De gode gamle dage
Dengang klima var noget
man læste om i geografibøgerne
Og isen kun smeltede om foråret
De gode gamle dage
Dengang solen skinnede
hele sommeren
Og der var dynger af sne til børnene
om vinteren
De gode gamle dage
Dengang det hele ikke gik så stærkt
og stress var et fremmedord
De gode gamle dage
Dengang der var forskel på folk
og man kunne se det
Dengang man sagde De til hinanden
og mente det
De gode gamle dage
Dengang en mand var en mand
og en kvinde var hans kone
der gik hjemme
og fik husholdningspenge
af manden
der kom hjem
og satte sig ved bordet
efter fyraften
Efter dagens dont

De gode gamle dage
Dengang man måtte slå sine børn
og sin kone
så blodet flød
Dengang en fjerdedel af alle børn døde
før deres etårs fødselsdag
De gode gamle dage
hvor det var lederen der bestemte
og arbejderen der adlød
og dengang arbejderen
sled sig selv ihjel
hvis ikke han for inden var død
af al den gift
han arbejde med
De gode gamle dage
Dengang man blev sat
på vand og brød
og op på træhesten
for bagateller
Dengang man skulle springe soldat
i otte år
men kun hvis man var en fattig bondekarl
De gode gamle dage
Dengang kongen bestemte det hele
og alle andre skulle adlyde
Dengang kirken og kristendommen
havde krammet på sjælene
godt og vel
De gode gamle dage

Dengang man drømte
om en bedre fremtid
med lighed mellem mennesker
og frihed for den enkelte
til selv at tænke og tale
og med retfærdighed til alle
De gode gamle dage

# Depression

Jeg har mit hoved
men hvor er de tanker
der tænker på dig

Jeg har min mund
men hvor er de ord
Jeg elsker dig

Jeg har mine arme
og mine ben
men hvor er mine vinger
der kan bringe mig
op i den syvende himmel
sammen med dig

Jeg har mit syn
men hvor er de syner
der fremmaner dig
i al din guddommelighed

Jeg har mine øjne
men ser i verden
at alt er lige meget
eller lige lidt

Jeg har min krop
men hvor er min

forelskede sjæl
Jeg havde den lige før

# Det Folkelige Konservesparti

Med tilfredshed må vi konstatere
at der intet nyt er
under solen
og intet nyt
er godt nyt
for det gamle er jo godt
som det er
Kun modstræbende
og fodslæbende
accepterer vi forandring
Men vi forandrer kun
for at bevare
En march på stedet
med fanen højt hævet

Vi vil afvikle udviklingen
Den har aldrig
bragt noget godt med sig
Hvor andre holder stand
gør vi modstand
Hvor andre spænder sig
for en sag
spænder vi ben
Fem benspænd
og en kæp i hjulet
Vi lægger vægt på
at udviklingen

får et modspil
En modvægt
og her er vi tungen
på vægtskålen
Demokratiets dødvægt

Vi står vagt om en lang
og stolt tradition for
ikke at tænke en selvstændig tanke
Den seneste stilstandsrapport
fra partiets tænketank
taler om
konserves i rigelige mængder
henkogte og nedsyltede tanker
overgemte og indtørrede værdier
langtidsholdbare ideer
uden udløbsdato

Vores anstand
kendes på lang afstand
Pudset er stift
og anstændigt
Plissé og hulsøm
fransk vask og strygning
Vi promenerer med åben pande
mens vi kaster en skærv
til værdigt trængende
Almindeligt trængende
Henvises til modsatte fortov

Vores visioner er
tilbageblik
Vi drømmer
i datid
Fortiden er fremtiden
Mens andre lever livet forlæns
går vi baglæns
ind i fremtiden
for at holde øje med
at alt det gamle
det fra fædrene nedarvede
kommer med
som det er
og var
Har vi det hele
Gud
Konge
og Fædreland
Godt
så går vi
Men små skridt

# Det nye hus

Et vemodigt farvel
til det gamle hus
Og et bævende goddag
til det nye
Når man træder ind over dørtærsklen
hvad går man så ind til

Har væggene ører
og hvad kan de fortælle
Er der stukket noget under stolene
Har der været røg i køkkenet
Er der faldet brænde ned nogen steder
eller er der skelletter i skabene
Har man skjult noget i kælderen
og hvor ligger hunden begravet
Der er rigeligt
at spørge sig selv om

Hvad er det for nogle ansigter
der lag på lag
gemmer sig bag det nypudsede spejl
Har de værnet
om privatlivets ufred
som måske stadig hviler over
hele matriklen
Har de levet som hund og kat
eller som turtelduer

Det kan kun blive gætværk
Gud ved om de var gode kristne
eller om de dyrkede omgang
med djævlen
og alle hans gerninger
Er hjemmet hjemsøgt af en ånd
som er sluppet ud af det glas
som børnene legede med
Eller hvad med de voksnes leg
med ånden i flasken

Er der stadig små ekkoer
af stor smerte og elendighed
som dårlig karma fra en
tusindårig fangekælder
Eller er huset omsluttet
af den smukkeste aura
i alle kærlighedens farver

Alle disse forhold
melder tilstandsrapporten ikke noget om
Så det er med uroligt hjerte
og famlende skridt
jeg bevæger mig ind i det nye hus
Måske var det mere trygt
at blive boende
hvor man bor
I et hus
der kun har været hjemsøgt

af en beboer
der i mange år har levet
i et ubrydeligt venskab med sig selv
og som højst
har rotter på loftet

# Digterstrejke

for klimaet

32

# Du er noget

Du skal ikke tro
du er noget
siger Jante
Det skal du ikke tro på
Du er noget
Du er Guds barn
og dine forældres
Du er medmenneske
statsborger bysbarn eller landboer
Nabo underbo genbo eller overbo
Forbruger eller misbruger
Hvis ikke du er syg
er du rask
Hvis ikke du er kriminel
er du lovlydig
Man er altid noget
Enten er du morgenmand
eller natteravn
Vinterbader
eller stjernekigger
Søvngænger
eller fodgænger
Det kan også være du er
autist eller autentisk
borderline eller linedanser
Op med humøret
Du er noget

Om ikke andet
er du en overlever
Så længe det varer

# Døden og mørket

Jeg er bange for at dø
Rigtig meget
Tænk at blive opslugt
af det store intet
Det store ingenting
Tænk at blive til ingenting
Og jeg som hele livet
har kæmpet en sej kamp
for at blive til noget

Noter til litteraturforskere
og gymnasieelever
der spørger sig selv
Hvad har digteren tænkt
da han skrev dette digt
Digteren er endnu i live
og kan svare
Jeg må blankt indrømme
at digtet er tankeløst
Jeg tænkte på noget helt andet
da jeg skrev det
Jeg tænkte på
at man i døden bliver opslugt
af det sorteste mørke
og hvor skræmmende er det ikke
når man som jeg
er mørkeræd

Jeg tænkte så
at jeg kunne skrive videre
på digtet
om netop det
om dødens mørke
og min mørkerædsel
Men straks meldte sig
en paragraf i
Manualen for Digtere
Pas på ikke at snakke et digt ihjel
Det skulle hermed være gjort

# EGON

Han var en stor mand
ragede op over alle andre
et hoved eller to
Der var ingen over eller ved siden af ham
Når han målte sig med andre
var det tydeligt at han var en overmåler
hverken mere eller mindre
Han var ene mand to alen ud af et stykke
et helt særligt stykke
Han var så stor
at han var nødt til at se op til sig selv
og ned på andre

Han behøvede ikke noget spejl
Han havde et tydeligt billede af sig selv
Han var solen
der overstrålede alle andre
og skyen
der overskyggede dem
Overbegavet og overlegen
i et og alt
Kun i sig selv
mødte han sin overmand
Han var nødt til at bestige Mount Everest
for at møde noget
der var større end ham selv.

Hvis ikke han var helt uden for nummer
var han nr.1
Eneren der gik forrest
føreren der førte an
Altid var han foran
et hestehoved eller to

Han stavede sit navn med stort
alle fire bogstaver
EGON
De andre kunne med et suk
nøjes med de tre første

# En fridag til empatien

I dag vil jeg
give mig selv
og min empati
en velfortjent fridag
Den kan godt blive lidt slidt
i det lange sociale løb
I dag vil jeg
aflyse samhørigheden
med min næste og min nabo
De må klare sig uden mig
så godt de nu kan
Jeg vil være mig selv nærmest
og de andre fjernest
Men i morgen
så er jeg social igen

Op ad dagen vil jeg
tjene mine egne penge
ikke de andres
Jeg vil arbejde sort
snyde i skat
fifle med fradrag og moms
rage til mig
og slå fra mig
Hvis det skulle blive nødvendigt

Som dagen skrider vil jeg
smede min egen lykke
og skide de andre et stykke
Jeg vil smække døren i hovedet
på indsamlere
og andre tiggere
På frontkæmpere
forkæmpere
og bekæmpere
af alle slags
med alle deres gode formål
og solidariske paroler
Jeg vil kraftedeme have lov
at være i fred

Når ulvetimen hyler
og mørket falder på vil jeg
rykke sammen
på det overdrev
hvor de store egoer blomstrer
og de asociale røvhuller
står i fuldt flor
Her vil jeg hejse den sorte fane
sammen med fascister
og racister
frådende hyæner
og glubske ulve
Her vil vi sammen grave dybt
Helt ned til det mørkeste mørke

Ned til de sorteste følelser
af skam og skyld
ydmygelse og mindreværd
Og jeg vil fodre
min glammende svinehund
med krænkelser
forurettelser og nederlag
og slippe den løs
i hovedet på min næste og min nabo
på Gud og hvermand
Men i morgen
i morgen
så....
så glammer svinehunden igen

# Eventyret om den rige mand

Der var engang en mand
der boede helt alene på et stort slot
langt ude på landet
Han havde hele sit liv
gået og spekuleret dagen lang
og han var blevet så god
til at spekulere
at han var blevet en meget rig mand

Da han blev gammel
var det noget andet
han gik og spekulerede på
og det var sig selv
Han havde altid været meget glad
for sig selv
og meget stolt
over sig selv
Ja han elskede
sig selv
meget højere
end han elskede
noget andet menneske

Men nu da han var blevet
en gammel mand
spekulerede han på
hvem der skulle elske ham

når han engang var død
Hvem skulle så
være stolt over ham
og se op til ham
Eller i det mindste huske
hvem han var
og hvor dygtig
han havde været
til at tjene penge

Det gik han og spekulerede over
dag og nat
og endelig fik han en god ide
Han tog ind til byen
og gik op på rådhuset
hvor han sagde til borgmesteren
at han var parat til at give
hundrede millioner kroner
til den fattige by
hvis de ville opkalde
den længste gade i byen
efter ham
Så ville folk huske på ham
i al den tid det tog
at køre fra den ene ende gaden
til den anden
For ikke at tale om alle de mennesker
der boede i gaden
Det var da noget

Men borgmesteren
der ellers nok kunne bruge pengene
sagde nej tak
fordi man her i byen
ikke kunne købe sig
til berømmelse
Det var noget man skulle
gøre sig fortjent til
og det havde ikke
noget med penge at gøre

Det var trist for den rige mand
og mens han gik gennem byen
spekulerede han som en gal på
hvad han nu skulle gøre
På sin tur fik han øje på
to statuer foran
Det Kongelige Teater
Det var de store ånder
Holberg og Oehlenschlæger
som byen for mange år siden
havde hædret på denne måde
Og i Marmorkirken så han
Ingemann og Kierkegaard
som to statuer
Det var også store ånder
som have betydet meget
for land og folk

Og så var det
at han fik sin geniale ide
Han ville også selv
laves til en statue
som folk kunne stå
og beundre
mange år efter hans død
Og når ikke byen ville
så ville han selv betale den
af sine mange penge
og selv sørge for
at den blev stillet op
et godt sted i byen

Han brugte så
nogle af sine mange penge
på at købe
en meget dyr grund
midt inde i byen
og lavede den til en park
og midt i parken
fik han stillet
en stor statue af sig selv
En statue af en slags jern
der var malet som guld
og den blev stillet på
en høj sokkel
så folk rigtig kunne
se op til ham

Da manden gik hen og døde
blev parken åbnet
og folk blev rigtig glade
for så havde de et sted
hvor de kunne lufte
deres hunde

Men hundene havde ikke respekt
for den rige mand
De lettede ben
op ad statuen
og efterhånden lå
hundelortene
i en tyk krans omkring den
Folk havde heller ikke
respekt for ham
nogen skrev med brun maling på soklen

Han havde røven fuld af penge
Og så siger man
at penge ikke lugter
Han var stinkende rig

Så fik folk sig et billigt grin
mens hundene gik
og sked rundt om statuen

Det var ikke lige det
manden havde tænkt på

da han gik
rundt om sig selv
med alle sine spekulationer

Men sådan kan det gå
når man tror
at man kan
mænge sig med de store ånder
bare fordi man har
puget en masse penge sammen

Sådan en mand
vil dyr og folk
da skide på

# Evolukreation

Darwin sagde
at mennesket
har udviklet sig
fra aberne
Gud sagde
at han selv havde skabt
mennesket
To holdninger
der står stejlt
over for hinanden
Måtte man
til fremme af husfreden
i verden
foreslå et kompromis
Mennesket er en efterabning
skabt i Guds billede

# Flaskepost

Kære Irene Madsen
Tak for dit brev
hvori du skriver
at du gerne vil vide lidt om
hvordan mine digte bliver til
En interessant forespørgsel
som jeg naturligvis gerne vil imødekomme

Når jeg på sådan en almindelig dag
op ad dagen
står op og kommer ned i køkkenet
Læg mærke til Irene
hvordan de modsatte ord op og ned
farver sætningen
Så tænder jeg straks for radioen
Taleradioen forstås
og venter på et ord
jeg kan bruge til noget
I dag hørte jeg fx ordet flaskepost
Det var længe siden jeg havde hørt det ord
så det fangede min interesse
Jeg slukker straks for radioen
for at flaskeposten ikke skal drukne i alle de ord
der som et vandfald vælter ud af radioen
Så gik jeg lige fra ordet flaskepost
til en rigtig flaskepost med brev inden i
og prop i hullet

En flaske der som en anden and
vugger på bølgen blå
Jeg skrev først and men tilføjede så anden
da jeg syntes anden and var lidt sjovt
Når jeg så var der med flasken i vandet
så forekom det mig at betegne den flom af ord
der kommer ud af radioen som et vandfald
og så skrev jeg ord der som et vandfald
vælter ud af radioen
Vandfald og vælter udgør et bogstavrim
der forstærker læseoplevelsen

Nå jeg skal videre med mit digt
For at flaskeposten ikke skal drukne
i vandfaldet af radioord
griber jeg min lille sorte ordbog
og skriver ordet flaskepost
Bemærk ordet radioord
som jeg fandt på i stedet for ord
der kommer ud af radioen
Det er den frihed man har som digter
at man kan lave sine egne ord
hvis man har lyst til det

Nu er jeg så kommet til det svære i processen
I mit gullige køkken
har jeg fanget et ord ud af den blå luft
Læg mærke til farverne
Og hvad skal jeg så bruge det ord til

Havde det nu været hest eller måne
så tror jeg nok
jeg kunne finde på noget meningsfuldt
at skrive dem ind i
men flaskepost

Der er ingen der siger
at et digt absolut skal skrives ud i en køre
på ingen tid
Sådan er det sjældent
Så nu er jeg her igen tre dage senere
Jeg håber du hænger på endnu Irene
I de tre dage
har flaskeposten ligget i baghovedet og skvulpet
mange gange helt bevidstløst fra min side
Igen en lidt spøjs formulering
men jeg synes andre beskrivelser
krævede for mange ord
Men lige i nat kom løsningen til mig
så nu fortsætter digtet

Kære Irene Madsen
Jeg håber du nu har en større forståelse af
hvordan jeg arbejder med ord
så der kommer et digt ud af det
For at være tro mod digtets tema
og digtets ånd
har jeg puttet det i en flaske
proppet den til

og smidt begge dele i havet
altså både flasken og digtet
Jeg er overbevist om
at sandsynligheden for
at du modtager brevet
er betydelig større
end at du skulle komme i nærheden
af den digtsamling
som digtet kommer til at indgå i
Således har du også lært noget om
hvor aldeles umuligt det er
for selv et geni som mig
at komme ud til folket
med sin kunst

De bedste hilsner

# Fred

Jeg selv er et fredeligt menneske
For ikke at sige en fredens mand
Jeg kunne ikke krumme et hår på en flue
Hvis den angriber mig
vender jeg den anden kind til
Og hvis den ligefrem
erklærer krig
så hejser jeg straks det hvide flag

Jeg vil fred her til lands
til vands og i luften
Jeg stemmer til venstre for militæret
og til højre for revolutionen
Jeg stemmer nej til revolvere og revolter
men jeg kæmper for sjælefreden
for husfreden og verdensfreden
Jeg tror på den himmelske fred
som er så eftertragtet
at den har fået en plads opkaldt efter sig
Mit mål er at få lov til
at hvile i fred
også i levende live
Fred være med os alle
Amen

# Frihed

Jeg er på fri fod
og et af mine store mål
her i livet er
vedblivende at være det
Min fod skal ikke lænkes
hvis det står til mig

Også min tunge er på fri fod
og min pen
Jeg må tale og skrive
hvad jeg vil
under skyldig hensyn til
min nabo og min næste
Det er friheder
jeg sætter umådeligt højt

Vender man sig om
og kigger bagud
så kan man
i godt vejr
se helt tilbage til dengang
da det næste var en luksus
at være på fri fod
og selv på fri fod
var der for de fleste
strenge regler for

hvor man måtte gå hen
og hvad man måtte foretage sig

De store og fine
rige og mægtige
lavede lovene og reglerne
for alle andre
De brugte
stok og pisk
jern og kæder
lænker og åg
lås og slå
gabestokke og træheste
alt sammen for at tryne folk
Og var det ikke nok
var der mørke fangekældre
og høje skafotter
hjul og stejle
bål og brand

Kigger man knapt så langt tilbage
ser man pludselig
stor uro i samfundet
Folk rejser sig mod ufriheden
De kræver frihed
til at tale
til at forsamles
Så kunne man samles
og tale højt om den ufrihed

man levede i
og man kunne danne foreninger
og bevægelser
der kunne kæmpe mod tyranni
slaveri
almindelig tvang og
urimelige arbejdsforhold

Denne frihed
friheden til at stå sammen
mod undertrykkerne
er en frihed
jeg vil sætte lige så højt
som den frihed jeg har
til at være på fri fod

# Fugleflugt

Hør den lille stær
den er åh så fornøjet
Sang vi som små
Siden da er fuglen gået hen
og blevet ret så misfornøjet
Halvdelen af den store sorte fugleflok
er blevet så utilfreds med forholdene
at den har valgt at emigrere
til mere fuglevenlige egne
Fortsætter det på den måde
ender det med
at det kun er solformørkelse
der kan skabe sort sol

Som børn kunne vi
en forårsdag opleve
femogtyve gråspurve
slå op om ørerne på os
Mange af dem
har også fundet andre græsgange
så der i dag
ikke er mange
gråspurve at fyre for

Der var en der skrev
at fuglene flyver i flok
når de er mange nok

Ser man nu om dage
fugle i flok
er det nok en enlig svale

Går man ud
for at se sig ud en sommerdag
i håb om at se og høre lærken
sno sig i spiral
og slå en trille
skal man ikke kun have
øjne og ører med sig
men også en god portion held
Vores gamle nationalfugl
er på faneflugt
Flygter fra fædrelandet
for at prøve lykken i det fremmede

I deres sult og nød
flygter fuglene
Over
stok og sten
sø og land
og alle grænser
tiltrukket af rygter om steder
med åbne vinger
og fugles føde til alle
De kan i deres fugleflugt
kun håbe på
at rygterne taler sandt

# Glemsel

Klappen er gået ned
og den vil ikke gå op igen
Husker du
så glemmer jeg
Stille og roligt
men sikkert og vist

Min korthushukommelse
er styrtet i grus
og arbejdshukommelsen
er gået på pension
Mands minde er efterhånden nede på et par minutter

Jeg kan ikke huske
fra min næse til min mund
Det overskrider min
hukommelsesspændvidde
med flere hundrede procent

Indfald bliver til udfald
Henfaldet måles i sekunder

Ikke engang min yndlingsblomst
kan jeg huske navnet på
Jo vent lidt
Forglem mig ej
Der var den

I lyse øjeblikke
skriver jeg dagbog over det
jeg ellers ikke kan huske mere
Et værk det truer med
at sprænge alle rammer

Denne glemmebog
skal til sin tid
når tavlen er hvisket ren
og jeg selv er gået
til den evige glemsel
afleveres til
Statens Museum for Hukommelse
så kommende generationer
kan bladre i den
og undres over
hvad man gik og huskede på
og glemte igen
i de dage
da Dronning Margrethe den Anden
regerede landet
og en pakke rugbrød kostede 15 kr
Så vidt jeg husker

# Glædelig jul

Julen er hjertets fest
Velkommen hver en gæst
Glædelig jul
Varmt håndtryk

Snart sidder jeg rundt om bordet
til fællesspisning
And og steg
Vinen går rundt
Også i år får jeg mandelgaven

Så er der juletræet
Jeg tager hinanden i hånden
og danser rundt
Jeg synger i kor om
barnet i stalden
og fred mellem mennesker

Gaverne er hurtigt overstået
Fra mig selv
Til mig selv
Ih dog
hvilken dejlig overraskelse

Jeg taler i munden på mig selv
og venter på et passende ophold i talestrømmen
og tager så ordet

Jeg er samlet her i dag
for at markere fællesskabet
og sammenholdet
Jeg bestræber mig på at holde sammen
At stå skulder ved skulder
at trække på samme hammel
til sidste mand

Jeg bliver enige om
at kernen i julebudskabet er
Fred på jorden
og kærlighed mellem mennesker
Det går jeg ind for
Jeg forsøger at elske mig selv

# God morgen

Der er mange måder at møde den nye dag på
Jakob Knudsen sagde
Oh at jeg tør favne dig skære dag
Det var hans stil
Oh what a beautiful morning
var der en der sang
Søren Brun sukkede
En ny dag truer
Det var hans stil
Den franske eksistentialist Albert Camus skrev
Jeg står op hver morgen og spørger mig selv
Skal jeg begå selvmord
eller tage en kop kaffe
Da jeg ikke drikker kaff...

Nej den var for nem
Rolig nu
Jeg tager en kop te og siger
god morgen
med et smil

# Grib dagen

Grib dagen
Grib dagen i flugten
mærk på den
se på den
og lyt efter hvad den har at sige
Hils på dagen
sig god dag dag
inden den bliver til nat
inden den bliver til i går
inden den bliver til
en af de gode gamle dage

# Halvfærdigt og helfærdigt

Når jeg laver noget
synes jeg altid
jeg burde lave noget andet
Det er ikke kun
den dårlige samvittighed
der taler
som når jeg sidder i lænestolen
og synes jeg burde vaske op
eller når jeg ligger på sofaen
og tænker
på det lange græs

Det er i det hele taget
For eksempel
når jeg får mig taget sammen
til at slå græsset
så kan jeg ikke undgå at se
alt det ukrudt
der er der
hvor der burde være blomster
Og så får græs
lov til at være græs
Ti minutter senere
kommer jeg i tanker om
et par regninger
der lige skal betales
og så videre

og så videre
Dagen og ugen lang

Jeg oplever meget ofte
det halvfærdige
og meget sjældent
det helfærdige
Det er lidt forstemmende
en gang imellem meget
at være så bevidst om
sjælens flagrende natur

Nu har jeg trukket en streg i sandet
Her til og ikke længere
Nu skal det være slut
med alt det halvgjorte
og halvfærdige
Fra nu af
skal et kærtegn
ikke afbrydes på halvvejen
et kys skal ikke bides over
i mindre stykker
og elskov
skal ikke mere
afsluttes i Roskilde
Fra nu af
køre toget helt til
Københavns Hovedbanegård
For fuld damp

# Hav

Havet er uhåndgribeligt
Forsøger man bliver det til vand
der forsvinder mellem fingrene
Havet har sin egen urørlighedszone
På den anden side af den
bliver sproget til vandede bemærkninger
Kundskaber til vankundighed
Tanker bliver til vanskabte ideer
Troen bliver til vantro
Og viddet bliver til vanvid
Havet kan ikke gribes eller begribes
Havet er i sidste ende en fornemmelse
Min fornemmelse for hav

# Historiens skraldespand

Ren nysgerrighed
Skulle bare kigge
med det ene øje
i historiens skraldespand
Men den tog magten fra mig
flød over
alle bredder
Som en bundvending
fra et kulsort dyb
der åbenbarede
et rædselskabinet
af ufattelige dimensioner
En skakt af umenneskelig
fornedrelse
og lidelse

Et inferno af
råb og skrig og forfærdelse
Sværd der svinges
og økser der falder
Langtrukne suk
Rallen og stønnen
Folk der udånder under
bristede illusioner
Knuste drømme
og lemlæstede forhåbninger
Afhuggede hoveder

Parterede kroppe
fordelt på hjul og stejle
Blod der flyder
Brændte hekse
Hængte hestetyve
Kagstrøgne kællinger

Trælle og slaver
Stavnsbundne bønder i bundter
Hoveri og hoverende ridefogeder
og ridepiske
Hals- og håndsret
Fanger i jern og lænker
Dårekister
Elendighed og elendighed

Sult og nød
Sygdom og død
Frygt og bæven
En stank af
forrådnelse og råddenskab

Kummer og jammer
Druk og vold
Fornedrede kvinder
Mishandlede børn
Utøj og bylder
Pest og kolera
Tidlig død

Klokker der kalder til løgn og latin
Munke i enstemmige besværgelser
til guder og dæmoner
Ofringer og bønner
Trusler og forbandelser
Og løfter om fortabelse
I et helvede af hede og flammer
Evige pinsler
Både her og hisset

Fordomme og fordømmelse
Had og forbandelser
Synd og fordærv
Svig og svigt
Et helvede på jord
Fortvivlede råb
om nåde og barmhjertighed

Mistillid og grusomhed
Strid og kamp
Bisper og adel
Konger på rad
Talløse hærskarer af
Godtfolk og skidtfolk
Krænkelser og trusler
Bål og brand
Nedslagtning af rebeller
som gale hunde
Fornedrelse og forfølgelse

Fordrivelse og fortvivlelse
Fjender og landsknægte
Grusomme nederlag
og grusomme sejre
Blod og tårer

Magt og afmagt
Storhed og fald
Ære og vanære
Krig og fred
liv og død
i Guds og kongens navn
og blod
der sejler ned gennem tiderne
og smører historiens hjul

Kun med opbud af alle mine kræfter
får jeg lagt låget på igen
Men oplevelsen har sat sig
I krop og sjæl
En flod af blod og tårer
Vi kan prise os lykkelige for
at det kun er historie
Men det er ikke kun historie
Det er jo også virkelighed
Den skinbarlige virkelighed
Som millioner af mennesker
Må leve og dø i
uden håb om

at det nogensinde bliver anderledes
En bundvending i virkelighedens skraldespand

72

# Hundehold

Jeg nærer en hund ved min barm
En svinehund
En nederdrægtig og ondskabsfuld hund
der lever sit eget kælderliv
i en sump af
gullig misundelse
kvælende mindreværd
og bundløs forurettelse
Pas på
Hunden bider
Til højre og venstre
På må og få
Og det er ikke bare et lille haps i benet
Den går direkte efter struben
Den bider ikke med vilje
Den gør det med det mest bestialske overlæg
en svinehund kan opvise
Nu er I advaret
Hunden er løs
og den bider

I mit næste liv vil jeg ha en politihund
En hund i kort snor
der lyder mit mindste vink
Sit dæk kom læg
En dannet hund
der er flink over for børn

og mennesker i det hele taget
En hund der kun snerrer
efter moden overvejelse
og ikke bider
med mindre beslutningen
er truffet på allerhøjeste sted

# Hvem er Gud

Hvem fanden er Gud
Det er et spørgsmål jeg har stillet mig selv
fra den dag jeg lærte mit første bandeord
Og jeg kan forstå
at jeg ikke er den eneste

Lige siden de mennesker
som Gud havde skabt
blev så kloge
at de kunne stille sig selv dette spørgsmål
har de ledt efter svar
Og svarene har hobet sig op
Halve sandheder løse rygter
Religiøse dogmer
er det blevet til
Alt det syntes jeg ikke
jeg kunne bruge
til noget

Jeg er gået til kilderne
for at få klar besked
Den store bog
Guds selvbiografi
om jeg så må sige
Man siger at det er Guds ord
fra ende til anden
men jeg synes nu

det er helt tydeligt
at der har været en ghostwriter inde over
Men igen er jeg blevet skuffet
med hensyn til at blive klogere
Jeg er blevet beriget underholdt
eller holdt hen
med myter poesi
og snak
Men klogere det er jeg ikke blevet

Jeg har kigget mig selv i spejlet
for der står i bogen
at Gud skabte mennesket i sit eget billede
så vi må jo ligne hinanden
Have nogle gener til fælles
Men ærlig talt
Det der mandagsmorgenfjæs
det forekommer mig at været topmålet
af blasfemi
Der må være en trykfejl
i Biblen

Der står også
at Gud har vist sig som
en brændende tornebusk
Som en kilde
der sprang ud fra en klippe
Og han har talt ud af munden på et æsel
uden dog at hævde

at han selv var inde i æslet
En masse sjove billeder
som man kan tænke over
Men han skjuler sig i billederne
Jeg har i længere tid leget
Find Holger
dog uden resultat
Engang svarede han dog
højt og tydeligt på spørgsmålet
Hvem er du
Han svarede
Jeg er den jeg er
Så er det man siger
at det kan enhver jo komme og sige
Endda uden at lyve
Hvis det er alt
han vil sige om sig selv
så er vi jo lige vidt

Måske
når man lukker sine øjne for sidste gang
og står ansigt til ansigt
med livets ende
måske man i dette
ingenmandsland
vil få svar på sit spørgsmål
Så måske bliver der noget
at skrive hjem om
Måske

# Influenza

Det er brødløst at være digter
og osteløst og ølløst
og løst med hensyn til
alt andet
Med andre ord
man kan ikke leve af at digte
Ikke i almindelighed i hvert fald

VALO VASKER HELT RENT

Man kan selvfølgelig gå og håbe
på Nobelprisen
eller andre store priser
men håbet i sig selv
kaster jo ikke noget af sig

DER ER ALTID PLADS TIL
EN TIL
DER BRUGER REXONA

Man kunne jo også overveje
at tage et arbejde
men på den anden side
en digter skal have
fred og ro
til at opsøge inspirationen
og forfølge de små guldkorn
den kaster af sig

## DRIK GAMMEL CARLSBERG

Jeg har fundet et kompromis
en mellemvej mellem
at digte og arbejde
Jeg har nedsat mig som
influencer
Det har ikke noget med
influenza at gøre
som jeg først troede
en der havde influenza


## JEG VIL HELLERE HA EN STAR

En influencer er en person
der har indflydelse
på salget
af udvalgte produkter
Kunsten er
at lade reklamen for produktet
indgå i sine daglige gøremål
som så gøres synlige for alverden

# DANDY KVIKKER BESTANDIG

Hvilken genial ide'
at kombinere livet
som digter
med et job
som influencer
Et columbusæg
af guld


# ER DE UDKØRT KL TRE
# MEDOVA TE TA'R TRÆTHEDEN

Og hvilken herlig ide'
Nu kan jeg ane
i det fjerne
et veldækket bord med brød
ost og øl

Tilbage står så det der
med udbredelsen til alverden
Men nu har jeg gjort mit
så er det op til alverden
at gøre resten

Mens jeg venter på mit store gennembrud
vil jeg sætte mig i min lænestol
og nyde en kop

halv kaffe
og halv

RICH'S
-DET ER DET
DER DRIK'S

Toppet op med
en sjat mælk fra


HOLSTED MEJERI
-ALTID HURTIG LEVERING

Det er vigtigt
at vi aldrende digtere
følger med tiden
og de unge
og ikke bliver hængende
i en verden
der for længst har
udspillet sin rolle

# Istid

Isfuglen er tidligt på færde
skarpt forfulgt af kulden
som på blåfrosne vinger
slår sig ned
overalt i landet

Snart ligger naturen
som offer for en voldsom ulykke
I koma
og i gips til halsen
Der tales allerede om organdonation
Temperaturen tages
dag og nat
Den nærmer sig
det absolutte nulpunkt
Det er et spørgsmål om
liv eller død

Der bedes og håbes
og synges i kor
Kom sydvest
som frosten tvinger
Kom på dine tågevinger
og gør minusdage
til plusdage

Synges der længe nok
går ønsket i opfyldelse
Gradvist
grad for grad
begynder naturen
at røre på sig
Tomme for tomme
løsnes der på
isens skruetvinge
På land drypper det
Det risler koldt i hver en bæk
Hør hvor det tør

Endnu en gang
har naturen
og vi andre
overlevet
et iskoldt attentat
på vores udsatte helbred
Solen er krøbet
ud af skyggen
og har taget magten
Isfuglen resignerer
og fortrækker
til køligere himmelstrøg

# Jeg elsker min kone

Jeg elsker min kone og mine børn
Jeg dyrker mine roser og radiser
og hæger om min samling af frimærker
fra Island
Mens verden brænder omkring mig

Jeg taler pænt om de fattige
og om indvandrerne
støtter Kattens Værn og Ensommes Jul
Jeg føler mig som et godt menneske
Mens verden brænder omkring mig

Jeg går i kirke
og synger fromt om
fred på jorden
Beder til Gud og Jesus
om at fri os fra det onde
Mens verden brænder omkring mig

Jeg gør en dyd ud af at optræde
med borgerlig anstændighed
og med socialistisk solidaritet
Jeg stemmer på demokratiet
Jeg føler mig som en lovlydig borger
Mens verden brænder omkring mig
og horisonten står i flammer
Mens løbeilden fra alverdens katastrofer

---

nærmer sig med stormskridt

# Kommunikation

Jeg foretrækker at skrive
Gerne et digt
Men somme tider må man jo tale
og så siger man en masse
som man dagen efter ville have sagt anderledes
Dagen efter har man alle ordene
argumenterne
det rammende
de små fikse komplimenter
den vittige bemærkning
den politiske situation i én sætning
Havde jeg skrevet et digt i stedet for at snakke
havde der ikke været nogen grund til at ærgre sig
I hvert fald ikke på samme måde
Men folk er utålmodige
De har så travlt så travlt
De gider ikke vente på mit digt
Det er lige som at spille skak
Uret går
Du skal trække
Bordet fanger
Og du taber
Så er det noget andet med korrespondanceskak
Ét træk om ugen
Man kan i ro og mag tænke for og imod
Rokere frem og tilbage
Tiden er din

og du afleverer dit ugentlige digt
med snail-mail og som B-post
Alt det sludder jeg går og siger til daglig
det er ikke mig
Overhovedet ikke
Sådan er jeg slet ikke
Ikke tale om

# Krise

Danmark stander i våde
Til knæene
Alting sejler
Overalt er der brodne
og rådne kar
som det fosser ud af
Bunden er gået ud af kasser
og kister
og de gode tider
Der er virus på betalingsbalancen
og betændelse i
de offentlige finanser
Blodrøde tal sprøjter
ud af regnskaberne
Der skæres og amputeres
slagtes og fyres
Danmark stander i blod
Priserne stiger
og lønnen falder
på et tørt sted
Gratialerne går op
og bankerne går ned
Krisen går fra hus til hus
Folk går fra hus og hjem
Har min sin egen bopæl
er det på klods
En stor klods

om benene
og i hovedet
Landet stander i våde
Få har deres på det tørre
Det er klamt at være dansker

# Kritiser

Vær kritisk
Sig ja og nej
Sig til og fra
så det kan høres
Tal og skriv
med store bogstaver

Dyrk din forargelse
Grib om ondets
og nældens rod
Pluk en hel buket
sig det med nælder

Demonstrer din utilfredshed
Gør oprør
mod nedværdigende behandling
Sig nej til
dumhed
hovmod
uduelighed
egoisme
og urimelighed

Spring ikke over
hvor gærdet er lavest
Gå gennem
ild og vand

blod sved og tårer
Kæmp alt
hvad du har lært

Punktér de opblæste
Find en omvej
uden om kommandovejen
Tal Roma midt imod
og København
og Roskilde
samt hans hellighed
Paven ved skranken
og kongen af kontoret
med hele hans hof
af snoge og narrehatte

Slut dig sammen
Vær flere
Vær mange
Vær dig selv

# Kuldsejlede planer

Jeg ville så meget
Skrive en roman
Opfinde en evighedsmaskine
Lære fransk
Dyrke motion
Men hvad blev det til
Luftige idéer og tom snak
Men noget skete der selvfølgelig med årene
En svenskrød terrasse 5x7 m
Egen opskrift på surdejsrugbrød
En længere video fra en ferie på Bornholm
Fire læserbreve til den lokale avis
Men jeg ville mere end det
Måske ikke noget
der kunne ændre verden
som sådan
Men måske gøre noget
så alle
eller bare nogen
kunne få det bedre
Jeg ville gerne gøre en forskel
Men det blev ved lysten
og tanken
Heldigvis er der trøst at finde i historien
Schubert ville gerne have fuldendt
sin ufuldendte symfoni
Napoleon ville erobre Rusland

Det ville Hitler også
Kommunisterne ville skabe det klasseløse samfund
og sådan kunne jeg blive ved
Nok kan det være bittert
at se tilbage på egne ufuldførte idéer
men andres håbløse fiaskoer
giver så rigelig kompensation
Jeg ville så meget
Herre Gud
Skaberen ville skabe
det perfekte menneske

# Kære Gud

Du må undskylde
at det er så lang tid siden
at jeg har skrevet
men du ved der har været så meget
Jeg hører at du ikke har det så godt
Der går endda rygter om at du skulle være død
men de er forhåbentligt stærkt overdrevne
Her går det heller ikke for godt
Vi er omgivet af præster
der ikke tror på dig
helligdage der ikke bliver holdt hellige
og højtider der kun er fridage
Og det største problem er
at folk ikke går i kirke
Det er ikke godt for en folkekirke
for så er der kun kirken tilbage
Dem har vi så alt for mange af
De skal sælges og bruges til alt muligt andet
mellem himmel og jord
Vi er stadig nogen
der beder til dig
men det er som om
du ikke hører efter
Er det galt med hørelsen
Det er jo ikke helt ualmindeligt
for folk i din alder
Eller gider du os ikke mere

Jeg tænker tit på
dengang du var ung
Der var der gang i dig
Alt det du har skrevet om i din gamle bog
med buske der brændte af sig selv
og en der ud af ingenting fik lavet en vogn
så han kunne køre op i himlen
Det er sådan noget vi vil se
men det sker ikke mere
Det er efterhånden længe siden
du er trådt i karakter
og har sat din vilje igennem
Der har ellers været en del på det sidste
der godt kunne bruge en guddommelig indgriben
Jeg tænker på forfærdelige krige
med mange mange døde
Grimme sygdomme
med lige så mange døde
og jeg ved snart ikke hvad
Og du skal vide vi har bedt om bedre tider
Men vi har ikke set noget tegn
noget livstegn
Er det livsgnisten
det kniber med
Måske taler rygterne sandt
Måske er du afgået ved døden
og er blevet forenet med din skaber
Det ville ikke være til at bære
Så ville vi for alvor stå på din mark

Kære Gud
Lad det ikke være sandt
Skriv hurtigt tilbage
giv lyd fra dig
så vi igen har noget at tro på
De kærligste hilsner


PS
Der var engang hvor du talte direkte til mennesker
ja du kunne føre lange samtaler med dem
men det vil jeg slet ikke forlange
Et lille pip ville være helt ok

# Kærlighed

Hvad ved jeg
når det kommer til stykket
Hvad er rigtigt
og hvad er forkert
i en verden
der med jævne mellemrum
bliver vendt på hovedet
Når alt kommer til alt
er det hele så fake news
En skræmmende tanke

I min søgen efter
sikker viden
standser jeg ved
kærligheden
Min viden om
kærligheden

Jeg ved at
kærligheden
er den største kraft i verden
Større end tyngde-
og atomkraften
Og at
kærligheden
overvinder alt
Det ved jeg

Og jeg ved også
at der findes tro håb og
kærlighed
Og størst af dem er
kærligheden
Min kærlighed
til dig
Det ved jeg
Det er sikkert og vist

# Lev

Memento mori
Husk du skal dø
Det vil sige
Husk du skal leve
Carpe diem
Grib dagen
Brug det korte øjeblik
hvor du svæver
mellem liv og død
Kom ud af fjerene
Kom til sagen
Læg dig i selen
Spænd dig for vognen
Spring på toget
Kør der ud ad
Træd i karakter
Træd ud af skyggen
Spring ud af skabet
og op på barrikaderne
Kæmp alt hvad du har lært
Kæmp for alt hvad du har kært
Lev
og dø
med træskoene på

# Lifelines

Jeg rider ikke samme dag
som jeg sadler
Der er så meget
jeg lige skal
Jeg skal se mig for
og jeg skal se bagud og til siden
Jeg skal tænke mig om
og tænke efter
Eftertænksomhed er ellers ikke så moderne
nu om stunder
Det er et ord
der er blevet så umoderne
at det er gået hen og blevet et fremmedord
Folk kan ikke nå at tænke efter
før de bliver ramt i nakken
af en deadline

Jeg hader deadlines
De minder mig om fortabelse og død
og om dårlig samvittighed
og stress

Måtte jeg bestemme
ville jeg afskaffe alle deadlines
og i stedet indføre
Lifelines
Livslinjer

der var tegnet på fri hånd
så man bare kunne leve livet
ud ad tangenten
uden kalender og stopur
Med god tid
god samvittighed
og smil på læben

Så går alting jo i stå
gisper folk
mens de i forceret quickstep
danser mod deres dødslinje
Hvad vil du overhoved leve af
Slow food
svarer jeg langsomt
mens jeg valser ud ad tangenten
med et smil på læben

# Lånte fjer

Måtte jeg låne fjer af ørnen
Helst kongeørnen
Så kunne jeg føre mig frem
i ensom majestæt
mens alle andre bukkede og skrabede

Måtte jeg låne fjer af påfuglen
Så kunne jeg overstråle hvem som helst
og tiltrække dem
jeg gerne ville tiltrække

Måtte jeg låne fjer af mursejleren
Så kunne jeg sejle verden rundt
med en hastighed
der var uovertruffen

Måtte jeg låne fjer af turtelduen
Så kunne jeg måske finde en anden turteldue
at turtle med

Måtte jeg låne fjer af storken
Så kunne jeg
I lange røde strømper
komme med de små børn til dem
der havde ventet så længe

Måtte jeg låne fjer af uglen
Så kunne jeg få så megen
visdom
at jeg ville foragte alle dem
der pynter sig med lånte fjer

# Mig og mit ego

Det har sikkert været i bedste mening
ja nogle gange har det vel også været båret
af en kærlig tanke
når jeg som barn mødte modstand
fra de ældre i mine omgivelser
Kigger jeg i det ulidelige bakspejl
kan jeg godt se
at det med henblik på min sociale overlevelse
var nødvendigt
for ikke at sige
strengt nødvendigt
at forsøge at konstruere et alternativ
til det evigt krævende
selvhævdende og indimellem
uforskammede ego
som i tilspidsede situationer
kunne antage dimensioner
der langt oversteg omfanget
af min spæde drengekrop
Det var pinedød nødvendigt
at dette ego fik en makker
der kunne lægge en hånd på skulderen
hviske et godt råd i øret
eller når det var påkrævet
helt kunne overtage styringen
og føre ordet
På dette sted føler jeg trang til at takke

for alle de stød slag og spark
og hvad jeg ellers er blevet udsat for
som jeg nu kan se var nødvendige
for tilblivelsen af mit alterego
min bedre halvdel
den voksne i lokalet

Men denne voksne er en sart størrelse
Tåler for eksempel dårligt alkohol
Så snart de første dråber
er kommet inden for vesten
begynder den at gispe efter vejret
og efter den tredje genstand
er den for længst
gået op for at lægge sig
Så er det at egoet ser sin chance
Endelig alene på banen
Unævnelige excesser
har jeg hørt
bondeanger i dagevis

Engang
hvor mit ulideligt selvfede ego
endnu engang havde slidt sig løs
foranstaltede det et optrin
af så pinagtige dimensioner
at det kastede skam på os begge
nok til en hel skamstøtte
Politiet troppede op

men jeg måtte henvise til mit ego
som de så ikke kunne få i tale

Jeg bestilte tid hos en psykolog
noget måtte gøres
Observanden blev i løbet af et par timer
udsat for psykologens
omfangsrige arsenal
af afslørende prøver
og godt en uge efter
modtog jeg en fyldig rapport
med denne konklusion
Observanden fremstår som et barn
i tredje klasse
En dreng i sin værste alder
larmende uopdragen drillende
pralende mobbende forførende
tankeløs voldsomt dominerende
komplet blottet for sympati
og empati
Man kan forudse at observanden
under de rette
eller rettere
de forkerte omstændigheder
vil være i stand til at begå
grov kriminalitet så som
underslæb og overgreb
mordbrand og barnemord
hærværk og andre krigsforbrydelser

og alt der imellem
Alle disse forskellige tilbøjeligheder
kan sammenfattes i diagnosen
dyssocial personlighedsforstyrrelse
med forstadier til stjernepsykopati
Det kan ikke anbefales
at observanden tillades
at færdes uledsaget i det offentlige rum

Stik imod mine forventninger
var det mig
der blev indkaldt til en samtale
Jeg måtte forstå
at det var mig der havde ansvaret
for vores samlede opførsel
Mit ego var
at regne for en hund
I dette tilfælde
en meget uopdragen hund
En indre svinehund
som udendørs
måtte holdes i meget kort snor
Psykologen anbefalede parterapi
Den var jeg sådan set med på
men trods mange overtalelsesforsøg
er mit ego totalt afvisende
Den fejler ikke noget
Det eneste jeg har hørt
er indtil nu

Du kan rende mig
Det er så der
vi står nu

Til sidst ville psykologen vide
hvem af os
han skulle sende regningen til
Jeg tog den på mig
da jeg af bitter erfaring var klar over
at mit stærkt upålidelige ego
ville løbe fra den
i galop
Det er i forvejen stamkunde hos RKI
og ugens gæst
i fogedretten

For at slippe ud af den
helt forfærdelige tilstand
det er at leve i en ubrydelig symbiose
med et så forkvaklet ego
har jeg ansøgt de
neurokirurgiske myndigheder
om at blive indstillet til en
personlighedsspaltning
så vi kunne leve hvert vores liv
mit ego og jeg
Så jeg på en måde
ville være i stand til
at starte forfra

med nyt navn
og ikke mindst
en totalt udskiftet omgangskreds
Selv om de aldrig havde prøvet det før
var de sådan set friske på at lave forsøget
Men jeg måtte være indstillet på
hvis jeg skulle være så heldig at overleve
at affinde mig med at henslæbe et liv
som en regelret bogholder
en bundhæderlig bankmand
en middelmådig gennemsnitsborger
Lovformelig Troværdig Efterrettelig
Et dydsmønster af en tørvetriller
Det er nok ikke sådan nogle hashtags
der på en datingprofil
ville give de mest ophidsende respons
Det er valget mellem pest og kolera
jeg står over for
Mellem skydning og hængning
Det er så det valg
jeg sover på for tiden

# Min morgen med de døde

Når jeg slår øjnene op
går jeg straks på afdøde.dk
Så mærker jeg rigtigt
at jeg er vågen
og i live
Her samles alle de døde
og siger farvel
inden de skal videre
Det er som en
afskedsreception
hvor man nysgerrigt går rundt
og hilser på

I døden er vi alle lige
men som i livet
er der nogen
der er mere lige en andre
Der er de gode døde
de kendte og berømte
man har kigget efter
og hørt om i mange år
Pludselig står de der
spærret inde i en sort firkant
under en fugl
der hænger med næbbet
Så flyver tankerne
tilbage til dengang

og tilbage igen
til de almindelige dødelige
der står skulder ved skulder
i rækker og kolonner
Der skal være plads til alle
De fleste står kun
med navns og tals nævnelse
De får et flygtigt nik
og så er man videre
Nogle har fået et ord
med på den sidste rejse


Tak for alt


Eller


Hvil i fred


Det vil sige
tak for tiden der gik
og alle gode ønsker
for tiden der kommer
I lige måde
hvisker man på de dødes vegne
Andre får et lille skudsmål
måske en anbefaling


Et hjerte af guld

er holdt op med at slå
to flittige hænder
er gået i stå

Så er der dem
der ikke kun får
ord med på vejen
men hele sætninger
og endda vers
Her ofres
Her skal ikke mangle noget
Her dvæler man
og bevæger læberne

Stå ikke ved min grav og græd over mig
jeg er der ikke
jeg sover ej
Jeg er i de mange vindes blæst
Jeg er i sneen som vinterens gæst

Og så videre
Gloser og rim
så langt øjet rækker
En litterær oplevelse
man kun sjældent får
på en rigtig kirkegård
Det er dyrt
at få ristet bogstaver
i poleret granit

Men mindre kan også gøre det

Er der nogen i himlen
der kan elske dig
lige så meget som mig

Eller bodegaversionen

Må man ta hunden
med sig ind i himlen

Så er man sunget ud
som man sagde i gamle dage
Man keder sig aldrig
sammen med de døde

Jeg har lavet
mit eget lille eftermæle
Kort og godt
og alligevel
Sigende og talende
Sort på hvidt
Bestilt og betalt
Jeg gruer for
at jeg en morgen
skal læse det
med mine egne øjne på skærmen

Det er måske den dybere årsag til
at jeg altid begynder dagen
på afdøde.dk
Så jeg ikke bare føler
at jeg lever
men også
er sikker på det

# Mismenneske

Han var slet ikke fornøjet
Han var kort og godt
misfornøjet
Med alt og alle
og enhver
Og ikke mindste
med sig selv

Tilliden til sig selv
til mennesker og livet
havde langsomt men sikkert
udviklet sig til mistillid
Kort og godt

Enhver lyd
blev tolket som en mislyd
Enhver tanke
blev drejet til en mistanke
Enhver forståelse
af livet og mennesker
og ikke mindst
af sig selv
blev bag nedrullede gardiner
ændret til en misforståelse
i en lavere sags tjeneste

Den store handling
der skulle vise verden
at den tog fejl
skulle vise sig
at blive verdens største
mishandling

# Moral

Fhv. overforbrugsministerægtefælle Erik Skov Pedersen
sagde til folk
der stod i kø for at få deres tilgodehavender
for hans eksorbitante overforbrug
Har nogen et problem
så har vi myndighederne
og domstolene
til at tage sig af det

Politisk kommentator Søs Marie Serup
sagde til folk
der stod i kø for at høre hendes visdomsord
Jeg dømmer ikke folk moralsk
Der må man gå til en præst

Så er spørgsmålet
Er vi kommet dertil
hvor moral er blevet et fremmeord blandt mennesker
Et ord der kun kan behandles af eksperter
juridiske som teologiske
Er ord som ansvarlighed
ordentlighed
og tillid mennesker imellem
på vej til at blive ekskluderet
fra den fælles forståelse af det
at leve sammen
I så fald vil jeg
overveje min deltagelse

# Muligheder

Et digt er én mulighed blandt mange
Ord på ord indskrænker jeg mulighederne
for til sidst at have lagt dem bag mig
Jeg må vende mig om for at veje mit digt
mod de mange muligheder der forelå
og spørge mig selv
Fik du muliggjort det du ville
Eller var det umuligt fra begyndelsen
Eller greb du forkert bland de mange muligheder
Eller blev digtet bare umuligt
Eller er det dig selv
der er helt umulig
Muligvis

# Mørke

Som gave modtog jeg engang en malerkasse
med tuber i alle regnbuens farver
Jeg returnerede gaven
med et tak
Ellers tak
Jeg beholdt kun den sorte farve
Den har jeg så i mange år
brugt til at male
mig selv og mit liv med
Sortsyn og solformørkelse

Efter mange års intensiv træning
har jeg nu fået
det sorte bælte i mørke og dunkle tanker
Ethvert lyst indfald
den mindste antydning af livsmod
bliver straks sendt til tælling
lagt i benlås og håndjern
hvis ikke henrettet på stedet

Ser jeg frem
står det klart
at min forestående død
kun er et spørgsmål om tid
Ser jeg tilbage
er det sørgeligt
at måtte erkende

at livet er én lang lidelse
med en dødelighed på 100 procent
Jeg er født døende

Jeg tror ikke på Gud
men jeg tror på djævlen
Jeg tror ikke på Paradis
men jeg tror på helvede
Ikke nogen at bede til
Ikke noget at håbe på
Jeg er helt alene
med dæmonerne i mørket

# Nekrolog

Han var ikke et
af Guds bedste børn
men såmænd heller ikke
et af de værste
Men et barn
det var han
Nu er han død
Han døde som barn
68 år gammel
Han brugte hele sit voksne liv
på ikke at blive voksen
Da han var 14 år
besluttede han
at nu ville han ikke være ældre
Han holdt fødselsdag hvert år
men ældre det blev han ikke
Han ville ikke være voksen
han ville være sig selv
Imod, på tværs og i vejen
en sten i skoen
a pain in the ass
Han vrængede og hånede
og spottede Gud, Jesus
og hver mand
De fik fingeren
og tungen
og det hvide

han vendte ud af øjnene
Ikke kun til fastelavn
men i mange år
var han klædt ud som leopard
Tit viste han sin bare røv
og malede billeder med sin tissemand
Han vakte opsigt
og opmærksomhed
Nedkaldte den småborgerlige forargelse
over sit fnisende hoved
Så følte han at han levede
men nu er han død
68 år gammel
Men gammel
det blev han ikke

# Nostalgisk ophold

Jeg gør ophold i en tidszone
for længst forladt
af Gud og mennesker
En zone
som tiden er løbet fra

I sin tid befolket af
forældre
naboer
underboere
og overboere
viceværter
handlende
hvad skulle der være frue
vinduespudsere
ismænd
røde postbude
sorte parkbetjente
græsset må ikke betrædes
buschauffører med kasket
bybude med lange cykler
gårdsangere
tak tredje sal
sprittere og skærslibere
hunde og katte
heste og deres pærer i gaderne

Nu står jeg her alene
og fremkalder billederne
af alle dem
er gjorde min barndom levende
der skabte liv
og for det meste
glade dage
i husene
på gaden
i gården
i parken
i solen
i regn og sne
Som hentede cyklen op fra
cykelkælderen
og kørte på arbejde
Som kørte i de gamle biler
fra 50´erne
om dagen
og om aftenen
hvor lyset fra forlygterne
gled henover tapetet
i stuen
og i soveværelset
hvor jeg lå og hørte
togfløjter
og damptog
rangere i natten
og drømte om

at blive lige så voksen
som alle dem
Men jeg havde ikke drømt om
at de så bare
uden videre
ville forlade mig
og min verden
når jeg blev voksen

Havde jeg vidst det
havde jeg måske drømt
om noget andet
Nu står jeg her
helt alene
og betragter
det der er tilbage
Billederne af alle dem
som tiden er løbet fra

# November

Vi er i den tredje novembermåned
efter Henrik Nordbrandts tidsregning
Det var ham der skulle opremse årets måneder
men da han kom til november
blev han ved med november november
og november

Mørket hærger
blæsten raser
og regnen pisker
Uglerne tuder
kragerne skriger
uhyggen går til marv og ben
alt sammen på tredje måned
Lykken er slidt ned til sokkeholderne
og er erstattet af mismod og depression

Spændingen stiger frem mod den 30.
Er november for alvor gået i selvsving
Eller skal det endelig lykkes
at komme videre med livet
Skal vi igen opleve
at synge Decembersangen
og alle de kære julesalmer
vi har savnet i månedsvis
Bliver det overhovedet jul år
Der gættes i øst og i vest

Der spilles på resultatet
Mange erklærer højt og helligt
at de ikke klarer en november mere
Andre trøster sig med
at når nu galt skal være
at det ikke er december
der sådan kan finde på
at klone sig selv i det uendelige

Hvem kan holde til
hver morgen i fire måneder
at stå op og som det første
åbne en låge i sin julekalender
Og hvem kan holde ud at synge
Nu er det jul igen
og nu er det jul igen
og julen varer
ikke bare til påske
men i en uendelighed
Hvem fanden kan holde til det
og hvem fanden har råd til det

Vi skal ikke alt i alt
være så utilfredse med
at det er november
der sidder fast i rillen
Det kunne være meget værre

# O, at være en digter

At digte dagen lang

En drøm
der drømmes af mange
Men også her
er der i de fleste tilfælde
lysår mellem
drøm og virkelighed

De fleste af drømmerne
sover for godt om natten
er for tilregnelige
for pålidelige
for stabile
og for ædruelige
i det hele taget
for lette at danse med

Selv om det normale
har vide grænser
så opholder en digter sig absolut
i det normales dunkle udkant
Der hvor de sære ideer gror
sammen med de
mest absurde tanker
og det klareste vanvid
Der hvor verden vendes på hovedet

og for nogen
er umådelig svær
at få på benene igen
Der hvor der bruges
og misbruges
i lange baner
i et forsøg på
at holde dæmonerne i kort snor

Det som andre kalder kreativitet
opleves af en digter
som summen af den ene tankeforstyrrelse
efter den anden
Tankerne vælter frem
fra højre og venstre
man kalder det tankemylder
Det kan være forbundet med
umenneskelige anstrengelser
at hold fast på den ene tanke
før den anden trænger sig på
Det hedder ADHD

Nogle af tankerne kommer igen
og igen
de kan endda sætte sig fast
og på tværs
så almindelig tankevirksomhed
er blokeret i længere tid
OCD

Vil man opleve en koncentration af psykiatriske
diagnoser
i vildt flor
så er det digterne
man skal opsøge
Det er så udbredt
at forfatterforeningen
burde oprette
en psykiatrisk afdeling

En undersøgelse har påvist
at digtere har
halvtreds procent større risiko
for at dø ved egen hånd
end andre
Det tror da fanden
med alle de afslag
man oplever
"Vi har aldrig set noget lignende
DSB mangler togførere"
Eller
"Sjældent har jeg i den grad fortrudt
at jeg har lært at læse"
For ikke at tale om
hvis man endelig var kommet gennem et usandsynligt
lille nåleøje
til et usandsynligt lille forlag
den jungle af rovdyr
man bliver kastet for

"Udgivelsen hedder Digte
Jeg mindes ikke at have oplevet
en så misvisende varedeklaration"
Eller
"Karakter: UUUU
Udueligt, ubrugeligt, ubehageligt, uforskammet"
Og så videre
med ondt blæk
i samme dræbende toneart
Så er der ikke langt til rebet
der skal gøre en ende på
alle plagerne
og alle plageånderne
O, at være en digter
En drøm
der snart kan blive et mareridt
med drabelig udgang

# Ok Boomer

Ok boomer
lød det fra en yngre dame
efter at jeg havde belært hende om
hvad det drejer sig om
Boomer
Jeg var et stort spørgsmålstegn
Min hørelse er ikke
hvad den har været
så måske
men nej
Jeg havde hørt rigtigt
Så var det hendes tur
til at fortælle
hvad det drejer sig om
Jeg hører til det baby boom
Det meldte sig efter 2. verdenskrig
Men du er OK alligevel
sagde hun
med et overbærende smil

Ja, vi var mange
i de første klasser
husker jeg
men det gør mig vel ikke
til et dårligere menneske
Og det var det
jeg lige nu følte mig som

Du er en gammel idiot
men tag det ikke så tungt
du er god nok alligevel
Men det gider jeg fanme ikke høre
fra sådan en grønskolling

Det var længe siden
Jeg havde følt mig
så gammel
Ikke siden dengang
jeg modtog et brev
fra Ældresagen
Det måtte være en fejl
tænkte jeg
og lagde det i postkassen
hos min ældre nabo
Men han kom tilbage med det
for der stod jo mit navn på
Nå ja, øjnene er jo heller ikke
hvad de har været
Men Ældresagen
Hvad skulle jeg med den
Jeg der følte mig så frisk
og ungdommelig
Ja måske indimellem
ligefrem lettere barnlig

Et par dage efter
fik jeg en opringning
fra samme ældresag
Om jeg havde modtaget deres brev
Jo tak, men jeg synes ikke at ...
Ja, det er der mange der siger
sagde den ungdommelig ældredame
Men det er nu vigtig
at man står ved sig selv
og sin alder
Og så er der så mange fordele
ved medlemskabet

Der var noget
der vred sig i mig
Det var hele min opfattelse
af mig selv
Rask og rørig
og kvik i hovedet
forholdsvis
Ordet Ældresagen
fik mig til at tænke på
stok og rollator
høreapparat og kørestol
og ikke mindst plejehjem
I seng kl 18
Om de havde forskellige grader
af medlemskab
hvis det skulle være

Det kunne jeg måske nok leve med
hvis det absolut skulle være
Jeg ville lige tænke over det
Det gjorde jeg så
frem og tilbage
og så skrev jeg et brev
og søgte optagelse i
Ældresagens ungdomsafdeling
Så kunne jeg stå ved
mine 72 år
og samtidig pleje min illusion
om at være 32
og en fandens karl
Jeg har stadig ikke hørt fra dem
De har i deres høje alderdom
Nok glemt alt om mig

# Mentaltræning

Efter at jeg er blevet fuldgyldigt medlem af Ældresagen
har jeg modtaget et væld af råd og vink
som kan hjælpe til
at man bliver endnu ældre end man er
På en god måde
Overskriften er Hold dig i gang
Husk at hovedet er prikken over i´et
er det sigende motto

Det er mest det med prikken
jeg er optaget af
altså hovedet
Min største frygt i livet er
at ende mine dage i en tilstand
hvor jeg ikke kan huske
hvad jeg selv hedder
Så jeg har besluttet mig for
hver dag at træne mit gamle hoved
Morgen middage og aften
og hvis det skal være natten med

Når jeg alligevel hver morgen
er inde på afdøde.dk for at se
om en af mine gamle fjender er død
så opholder jeg mig ved hver ny afdød
for at finde ud af
hvor gammel vedkommende blev

Det er sjældent det står der
men jeg regner det ud
efter fødselsår og dødsår
Jeg går dem igennem dem to gange
for at være sikker på
at jeg har regnet rigtigt
Det er tydeligt at mærke
at det skærper hjernen

Sidder jeg i min stol
og bare kigger ud i luften
så kan jeg godt finde på at tælle
Ikke bare en to tre men baglæns
Og ikke bare fra ti
Næ næ
Den anden dag talte jeg ned fra 1823
Uheldigvis faldt jeg i søvn et par gange under vejs
men så er det bare forfra fra 1823
Det tog tre timer og et kvarter

For at det ikke skal gå op i tal det hele
så træner jeg også hjernen til at huske ord
Jeg gør det alfabetisk og ser først
hvor mange ord jeg kan huske
der begynder med a
Der er ikke så få at vælge imellem
kan jeg godt sige
men p slår alle rekorder
Det er helt utroligt de ord

der begynder med p
Nu ved jeg ikke om jeg snyder
men somme tider driver jeg rovdrift på et ord
Som for eksempel pære
Når jeg har sagt pære siger jeg pærevælling
så fortsætter jeg med pæregrød pærehandler og
pærestativ
Det er måske lige at trække den vel meget
men jeg tæller det med alligevel
Det er en vældig fornøjelig beskæftigelse
og så kan der nemt gå det meste af en eftermiddag med
det
Jeg kan næsten mærke at min hukommelse vokser

Og så er der alle de almindelig huskeøvelser
man kan gå og hygge sig med i løbet af dagen
Børn og børnebørns navne fødselsdage og telefonnumre
Der er 54 dage til juleaften
der er 162 dage til dronningens fødselsdag
og 310 aftener til Mortens Aften
Det er de utroligste ting jeg går og husker på
Og så har jeg slet ikke nævnt alle de får
jeg ligger og tæller om natten
Det kan løbe op i tusinder

Folk omkring mig siger at jeg er træningsnarkoman
Det er nok ikke helt forkert
Flere gange er jeg blevet ramt af en overdosis
så jeg er gået ned med stress

Det er blevet til syv gange indtil nu
Det er vældig ubehageligt
Det går ud over hjernens funktion
i en sådan grad
at jeg ikke kan huske fra min næse til min mund
eller hvad jeg selv hedder
Det er virkeligt pinligt
Lægen siger så at jeg skal skrue ned for mentaltræningen
men så bliver jeg urolig
for ikke at sige at jeg får angst
Jeg insisterer på at holde min hjerne ved lige
for jeg er i den grad bange for
at komme der til
hvor jeg i min høje alderdom
ikke kan huske hvad jeg selv hedder

# Onsdag i 2020

Sover til middag
Går søvndrukken
og ugidelig rundt
resten af dagen
uden at ænse
det fjerneste
For ikke at tale om
det nærmeste
En dag hvor solen
går forgæves over himlen
Tænk engang
hvad du kunne have oplevet
på denne dag
Tænk engang
hvad videnskaben
kunsten og kulturen
for ikke at sige
samfundsudviklingen
i løbet af de seneste tusinde år
ja bare i løbet af de sidste par måneder
har frembragt af
fuldstændig fantastiske
enestående og revolutionerende
erkendelser og nyskabelser
for at du
også på denne dag
kunne have nytte og glæde af dem
Og så sover du bare dagen væk

H.C. Andersen
som var så optaget
af alt det nye
ville uden tvivl
have givet et af sine eventyr
for eksempel Den grimme Ælling
for at kunne opleve
en dag som i dag
så langt ude i fremtiden
En sådan oplevelse
kunne han skrive et langt eventyr om

Leonardo da Vinci
som allerede omkring
år 1500
tegnede helikoptere
og undervandsbåde
ville garanteret have byttet
Den sidste Nadver
for en billet til
dagen i dag
Og Mozart
ville have givet stor musik
Lad os bare sige
Figaros Bryllup
for muligheden for at være til stede
denne dag
Folk ville stå i kø
for at afstå både det

ene og det andet
For at få adgang til det
vi oplever lige nu
Freud ville have ofret sin
teori om penismisundelse
Newton en af sine love
Beethoven sin niende
Moses en af sine bøger
Og Metusalem
et hundrede år af sit lange lange liv

En offervilje
ud over enhver forstand
En pantsætning
af liv og livsværker
for at kunne være i blandt os
denne søvnige onsdag
i 2013

Så absurd det er
at alle disse forhistoriske mennesker
tillægges viljen
til at give afkald på store bedrifter
for til gengæld
at blive genoplivet
præcis i dag
Lige så grotesk er det
at du
dit utaknemmelige bæst

bare drysser rundt
og lader dagen
gå ind af det ene øre
og ud af det andet
uden at kunne se
høre
eller mærke
hvor fantastisk
livet er
netop i dag
denne onsdag
i 2020

# Oplysning

Hvis jeg skal være helt ærlig
Jamen det skal du
Løgn og latin har vi nok af
Transparens har altid været god latin
Korruption og nepotisme
er dårlig latin

Der skal spot på alt det lyssky
Lygten skal rundt i alle kroge
også der
hvor tingene foregår
Under hånden
Under bordet
og inde under gulvtæppet
Hele landet skal oplyses
Også det mørke Jylland
hvor en plattenslager som
Låsby Svendsen
i op til flere menneskealdre
har taget patent på titlen
Mørkets Fyrste
i en underverden af
fup og fidus
plat og svindel
humbug og bondefangeri
Her er det ikke et spørgsmål
om gennemsigtighed

Her er så sort
at man ikke kan se en hånd for sig
Også lovens arm
går for det meste
i ét med mørket

Nu skal vi ikke bare jage
de små fisk
Større skatteål
og fede bolighajer
skal efterlyses
og oplyses
året rundt

Lige som de store rovdyr
Formænd for
og bagmænd bag
svindel til millioner og milliarder
En zoologiske have
af glubskhed og umættelighed
grådighed og begærlighed
på andres bekostning
Skadedyrene skal indfanges
og omskoles
til nyttedyr


Det er sådanne mørkedyr
ådselædere og snyltere

der trækker ned
og trækker fra
i den internationale konkurrence
om gennemsigtighed
På længere sigt
må målet for os være
at vi kommer dertil
hvor kun natten
ikke tåler
dagens lys

# Ord

I begyndelsen var ordet
Det blev hurtigt til to
og uden samtykke eller noget
tog det ene ord det andet
i en sådan grad
at vi nu
lysår senere
står i ord til halsen
godt og vel

Vi har ord i et antal
som stjernerne på himlen
som sandkorn ved havet
Vi har hærskarer af ord

Ordene står op med solen
og snart går snakken
så man er taknemmelig for
ørernes ringe rækkevidde
Der er en kværnen
en skælden og smelden
en tisken og smisken
en hvisken og råben
Der er også ord
der kommer ud af sidebenene
og heldigvis nogen
der bliver efterladt
stikkende i halsen

Der er ord i tiden
og ord til tiden
og ord der kom for sent
ord der kom alt for sent

Der er ord der gør godt
Ord fra kæresten
søde og kærlige ord

Der er også ord der gør ondt
Ord der herser og regerer
og skal adlydes
Og der er ord
som afgjort burde forbydes

Og så er der digterord
poetiske og skæve
frie ord og måske lidt løsagtige

Til sidst er der godt brugte
og trætte ord
der er parat til at gå i seng med solen
for at være klar
til en ny og anstrengende dag

# Orddød

Når jeg i min fremskredne alder
ikke altid har ordene lige på læben
og derfor må lede efter dem
somme tider godt og grundigt
støder jeg af og til på søvnige ord
der fører en henslumrende tilværelse
i udkanten af sproget
Jeg kalder dem udkantsord
Ikke at forveksle med udsagnsord
Det er ord der i mange år
ikke er blevet luftet ordentligt
som ikke har fået tilstrækkeligt med motion
og det er livsfarligt
også for ord
Når de har nået den tilstand
kan de kun ligge og vente på at dø
Der er ikke tale om aktiv
men snarere om passiv dødshjælp
Det at man ikke gør noget
bruger ordene
bringer dem til torvs
og sætter dem i omløb

Så er løbet kørt
Så er det
at de kommer til at føre en
skyggetilværelse

overskygget af alle de levende
livlige og livsduelige ord
Det kommer hurtigt dertil
at ingen kender dem
Ingen vil kendes ved dem
Ingen vil røre dem
hverken med en ildtang
eller en ordtang
endsige tage dem i deres mund

Der er ingen vej tilbage
De kan kun vente på
at nogen tager sig sammen
til at få ryddet op
og luget ud i ordforrådet
Så ender de i en sort sæk
som bliver sat ud til ordskrald
Slut med et langt liv
i modersmålets tjeneste
Deres eneste redning er
når vi ældre
genopliver nogle af de
dødssyge ord
der befolkede barndommens land
Men det er en stakket frist
En slags kunstigt åndedræt
der hører op
når vi til sin tid
bliver sat ud til storskrald
Så er det for alvor slut

# Prøv lykken

Internationale samfundsforskere
har for 117. gang
udnævnt danskerne
til verdens lykkeligste folk
målt på en lang række forhold
Videnskaben har talt
Skulle enkelte
på trods af denne
velunderbyggede kendsgerning
gå og hænge med næbet
eller lige frem
momentvis
føle sig ulykkelige
så må en sådan tilstand
betragtes som
en illusion
beroende på uvidenhed
hos den enkelte

Psykiatere og psykologer
er kommet i besiddelse af en viden
der helt overtrumfer
hvad de ellers har haft
af behandlingsmuligheder

Har din kone efterladt dig
i en dyb depression

da hun gik
så fortvivl ikke
Tænk på Danmarks
bruttonationalprodukt
Det største i hele verden
pr indbygger
Næsten
Så får du andet at tænke på

Har du været ude for
en ulykke
så vær ikke ulykkelig
Fokuser i stedet for
på den kendsgerning
at pasningsgarantien
for børn under 6 år
i Danmark
ikke findes tilsvarende
i noget andet land
Så er du lykkelig igen

Er du på selvmordets rand
så tag ikke det sidste skridt
ud over randen
Tænk i stedet på at det vand
der kommer ud af din hane
har en kvalitet
som er helt mageløs
målt med den store målestok

Er du mismodig
over verdens almindelige
elendighed
med sult og nød
for milliarder
Så trøst dig med
at udbuddet af fødevarer
i Danmark
ikke findes andre steder
i universet

Er du ængstelig
for ikke at sige helt overmandet
af angst og bæven
for alt det
der kan ske
og for alt det der skal ske
så tænk på noget andet
For eksempel
at vi danskere
i modsætning til alle andre
kan hygge os
Hyg dig
så bliver livet ikke så uhyggeligt

Smid lykkepillerne væk
og tænk i stedet over
den lykke det er
at leve i et land

der gang på gang
bliver kåret som
verdens lykkeligste

154

# Rygte

Der går et rygte om
Jordens undergang
Det har Jehovas Vidner præket om
i umindelige tider
uden at der er sket noget ved det
Men nu er det ualmindelige tider
Nu skulle den være god nok
Rygtet har nogle år på bagen
men det er ikke blevet svageligt
med alderen
Tvært imod
Aldrig har det lydt så stærkt
og gennemtrængende som nu
JORDEN GÅR UNDER
Mange forsøger at aflive rygtet
men det er et hårdnakket rygte
Det er ikke sådan at knække nakken på

Der er ikke tale om et løst rygte
Rygtesmedene har argumenterne i orden
Det er et rygte
der bygger på tal
Tal der stiger
faretruende
og tal der falder
fareturende

Temperaturen stiger
Isen smelter
før man får taget den første bid
Isbjerge og gletsjere smelter
før man får set sig om

Vandet stiger
sammen med co2'en
langsomt men sikkert
Det varer ikke længe
før huspriserne de højeste steder i Danmark
når himlen

Rygtet taler sandt
Det kan ikke manes i jorden
for den jord
det skulle manes i
går snart under

# Rød kasket

Utroligt at man skulle få inspiration til et digt
af en rød kasket
Og så på selve valgdagen
hvor Trump midt under optællingen af stemmer
erklærer sig for vinder foran Biden
og kræver at få standset al videre optælling
Hvordan dog blive inspireret
af sådan en tåbe
Men det var nu heller ikke Trump
der var inspirationen
Det var såmænd heller ikke
den røde kasket
Det var teksten
Make America great again

Tænk nu hvis det var en dansk bonderøv
der promenerede med en sådan kasket
Gør Danmark stort igen
Så ville man straks tænke tilbage til dengang
da Danmark efter en mindre krig
pludselig tabte en tredjedel af sin størrelse
Hvis der havde været kasketter dengang
så ville folk stå i lange køer
for at købe en med teksten
Gør Danmark stort igen
Og der vil straks dukke andre kasketter op
med budskaber som disse

Svindel
Danmark vandt krigen

Efter nogle år og en krig
havde man pludselig muligheden
for at gøre Danmark
om ikke stort igen
så dog større
Så kom kasketterne frem igen
Respekter afstemningen
stod der
Danmark til Alperne
stod der på andre
Men Chr X ville selvfølgelig ikke kræve
en grænsebom ved Alperne
Men han ville heller ikke acceptere afstemningen
Han lagde kronen
og tog en rød kasket på med teksten
Flensborg til Danmark
Selv om 75% af borgerne i Flensborg havde stemt for
at de ville høre til Tyskland
Det ville Kresjan skide på
Han var kun interesseret i byen
ikke i de folk der boede i den
Lige som Trump satte han jurister ind
Han afsatte regeringen
Og udnævnte sin sagfører til statsminister
Man mindes den kejser
der gjorde sin hest til konsul

Stor krise
Påskekrise

Kongen var ubøjelig
men demokratiet var endnu mere ubøjeligt
Da han tog den røde kasket af
og igen satte kronen på hovedet
mumlede han
Hvad fanden er der ved at være konge
når man ikke må bestemme noget
og i sit stille sind tænkte han
Herre Gud
Om hundrede år er alting glemt
Og demokraterne råbte
det skal blive husket
Og ganske rigtigt
Her hundrede år efter husker vi det
som var det i går
Det er en af grundene til
at en stodderkonge som Trump
aldrig vil have en kinamands chance i Danmark
Rød kasket eller ej

# Skilsmisse

Jer er gået fra forstanden
I går eftermiddags gik jeg
Jeg tog mit gode overtøj og gik
mens min forstand blev tilbage
Det var ikke nogen pludselig handling
men nu skulle det være
Det har længe knirket gevaldigt
i vores forhold
Forholdet mellem mig og min forstand
så på et eller andet tidspunkt måtte det ske

Vi havde levet sammen i mange år
så længe jeg kan huske
og nydt rigtig godt af hinandens selskab
I mange år var jeg taknemmelig for min forstand
fordi den var en god makker
i arbejdet med at klare livet
Men det er som om
vi er vokset fra hinanden
Jeg ved godt det er mig
der er vokset fra forstanden
Jeg er blevet ældre
for ikke at sige gammel
og det er som om
den langsomt
men sikkert
er blevet en belastning for mig

Nu er jeg kommet dertil
hvor jeg bare gerne vil nyde livet
bare leve og opleve
stille og roligt
Men det er min forstand
ikke indstillet på
Der skal som altid
stilles spørgsmål ved alting
analyseres
og diskuteres
Alting skal vendes og drejes
og forstås
Der skal tages stilling
for og imod
pro et contra
alt det en forstand kan
Aldrig fik jeg fred og ro
til bare at være mig selv

Men igen
Jeg ved det er mig
der er blevet anderledes
Og jeg vil her
hvor vi går hver til sit
eller rettere
hvor jeg er gået til mit
ikke undlade
at tage hatten af for min forstand
Den var en god forstand

Den var der altid
når jeg havde brug for den
Kun sjældent svigtede den
Jeg gik i mange år
takket været min forstand
for at være en forstandig person
Men nu slår den ikke til længere
Lige nu
er den ikke klog nok
Min forstand forstår mig ikke

# Skriv

Hvad bliver det til
Det kan jo ikke blive ved at gå på den her måde
Bare at sidde med hænderne i skødet
og se på at livet passerer revy
Guderne skal nu vide
at det ikke er revy og lagkage
alt hvad der passerer
Nå ingen sidespring
Skriv så det fløjter
Vil du i verden frem så skriv
Eller mindre ambitiøst
Vil du vide af dig selv i aften så skriv
Lige meget hvad
Ja men det ligger lidt tungt med inspirationen
Ingen udflugter tak
Kunst er 1% inspiration og 99% transpiration
Det er det sidste jeg beder om
På med vanten og skriv som du bedst kan
Enhver fugl skriver med sin klo
Inspiration eller ej
Vil du sove godt i nat så skriv
Skriv og vær glad
Skriv så det fløjter
Jamen jeg er helt tom for idéer
Så skriv dog om det

# Smerte

Arbejde kan være
roden til alt ondt
Ondt i armen
Ondt i ryggen
Ondt i hovedet
Ondt i røven
over alle dem
der ikke har noget arbejde
og bare går og driver den af
Når man tager i betragtning
hvor mange det drejer sig om
kan det være en meget voldsom smerte
Den kan blive så voldsom
at den forpester ens liv
Og så kan den som pest
smitte
Til højre og venstre
mest til højre
og ramme alle dem
der ikke har modstandskraft
over for den slags

Der findes ingen terapi
mod denne lidelse
Lægerne melder pas
Man må ud af døren
Ud i livet

Ud i livets skole
og livets hospital

Kan man ikke sætte sig
i den andens sted
må man sættes
i den andens sted
Uden arbejde
i to år
Lediggang og dagpenge

En skrap medicin
en forfærdelig kur
man ikke vil ønske
for sin værste fjende
En voldsom oplevelse
Men kuren plejer at hjælpe
Stille og roligt
som tiden går

Dem man før havde
ondt over
har man nu
ondt af
og det er en hel anden slags smerte

# Solen

Ligger i min flugtstol
og lader den første forårssol
varme mig
så godt den nu kan
Hvilken lise for sjælen
fred og ingen fare
Døser lidt i stolen
læser lidt i avisen
Årets første sommerfugl
citron
blafrer forbi
Pludselig står der
at solen ikke står stille
Det var jeg sådan set
godt klar over
Om et par timer
går den ned
bag ved naboens birketræ
men det var ikke det der stod
Solen drejer rundt om sig selv
lige som Jorden gør
Det er godt nok svært at se
her fra hvor jeg sidder
men ikke nok med det
solen bevæger sig
om et astronomisk stort sort hul
som er Mælkevejens centrum

og den drøner afsted
med en hastighed
så man tror det er løgn
830.000 kilometer i timen
Jeg tar et fast greb i flugtstolen
er du sindssyg
Men der står så også
at det er lige præcis den hastighed
der skal til
for at solen kan nå hele vejen
rundt om hullet
på 230 millioner år
Det kan jeg godt se
så skal der også fart på
og ikke nok med det
så tænker jeg
at hvis vi her på Jorden
skal opretholde
vores gode forhold til solen
Så må Jorden jo flytte sig
med samme afsindige hastighed
Sveden perler frem
både her og der
hjertet galoperer afsted
så kan jeg bedre forstå
at solen er så rødglødende
og at alle går rundt
eller ned
med stress

Jeg er frustreret over
at jeg fik ødelagt
min første forårsdag
i flugtstolen
men lidt efter lidt
får mit positive livssyn overtaget
Herre Gud
Det går nok alt sammen
Endnu engang
blafrer den gule sommerfugl
forbi min flugtstol
og sætter sig på min storetå
Selvfølgelig
selvfølgelig er det hele fake news
Det nummer kunne en sommerfugl ikke lave
med sådan en indflyvningshastighed
830.000 kilometer i timen
selvfølgelig ikke
Jeg smider avisen ud på græsset
og læner mig tilbage i stolen
Oven på den udmattende ophidselse
falder jeg lidt hen
og drømmer om
den store astronomiske skakt
ja sådan var det i drømmen
skakten som solen kredser om
at den selv drejer om en
endnu større
og mørkere

skakt
Jeg ser mig selv
farende rundt i rummet
med benene på nakken
som havde jeg fanden selv
og alle hans helvedes hunde
i hælene
Jeg ser tydeligt
den helt store skakt
som nedgangen til det
hede hule Helvede
som Gud truede menneskene med
Den store sorte gryde
Jeg får rystet søvnen
og drømmen af mig
og finder efterhånden min
samfundskritiske holdning frem
Man skal ikke tro på alt
der står i Biblen
og man skal i hvert fald heller ikke tro på alt
der står i avisen
O at være en citronsommerfugl
der bare blafrer afsted
dagen lang
og som ikke har lært at læse

# Stilhed

Jeg føler trang til at tale om stilheden
men jeg taler sagte
og med små bogstaver
af frygt for at ødelægge det
jeg vil tale om
Jeg elsker stilheden
Jeg længes mod stilheden
men stilheden er en sjælden fugl
der kun er her på gennemtræk
og som skal nydes i flugten

Stilheden er en mangelvare
den er i restordre mange steder
Stilheden skal opsøges
eftersøges og efterlyses
Jeg har indrykket en annonce:
Stilhed søges
Intet svar
Kun larmende tavshed

Jeg søger stilhed før storm
Stilhed efter storm
Stilhed før vindstille
og stilhed efter
Stilhed før og efter

Jeg søger stilhed om sommeren
Stilhed om vinteren
og til påske pinse og jul
I´m dreaming of a silent Christmas

Min højeste ambition
er en stille eksistens
Et stilleben
hvor også livet før min bisættelse
foregår i dybeste stilhed
Silence please

Jeg vil slå til lyd for
Åh nej
Jeg vil i al stilhed
bede om stilhed
om ikke andet
så bare ét minuts stilhed
til minde om den stilhed
der var engang
Dengang
man tog tavshedspligten alvorligt
Dengang
der var noget
der hed radiotavshed
Dengang
før verdens larm ramte som en tsunami
med tusinde lyde og mislyde
Med opråb og reklamer

snik og snak
musik og musak
bibben og pippen
dingles og labels
alarmer og sirener
hvisken og tisken
sladder og pladder
alt det
der får mine tanker
til at gå fra forstanden
Alt det
der får mig til at hade mine ører
Stille for satan

# Stjernenatten

Jeg står under genskæret
fra al tings begyndelse
Ekkoet fra dengang
Gud satte himmel og jord
i bevægelse
og lod stjerner og kloder
sejle ud i det store intet
En armada med tændte lanterner
som en løbeild
gennem rummet
Fra tidernes morgen
til denne nat
En evighed
af blinkende stjerner
Jeg lukker mine øjne
og takker i stilhed
for dette ufattelige
For dette sug i krop og sjæl
når I alle var mødt op
en svimlende vinternat
Tak til Karlsvognen
Cassiopeia
og Orion med sit bælte
Og tak til tvillingerne
Castor og Pollux
og alle I andre
Og ikke mindst

tak til mælkevejens tåger
og alle I andre galakser
Hvad ville himlen være
uden jer
På mine forfædres vegne
vil jeg bringe en tak
til Nordstjernen
og andre brændende varder
i himlen
fordi I viste vej
over sø og land
Tak for jeres tilstedeværelse
over den unge kærlighed
Og tak for stjerneskuddene
som fik dem til at
ønske og drømme
om en lys fremtid
Og sidst
men ikke mindst
Tak til hele
det blinkende firmament
som det faste
og eneste holdepunkt
i en omskiftelig verden
Tak for nu
og sov godt

# Søndag

Mest af alt holder jeg af hverdagen
var der én der sagde
Hverdagen fejler heller ikke noget
Som sådan
Men søndagen har absolut sin charme
Da jeg var barn havde dagene farver
Hverdage var mest grå
fra det helt mørke om onsdagen
til mandagens helt lyse
de andre dage lå der imellem
Men grå var de
Det var søndagen der strålede
som solen om morgenen
ind gennem vinduerne
Søndagen var gylden
Tit stod der et hornorkester
på pladsen over for vinduerne
og spillede morgenmusik
For eksempel
I østen stiger solen op
og når solen så skinnede
i det blanke messing
harmonerede det fuldkomment
med søndagsfarven
En farve og en stemning
der har fulgt mig i mange år
Som har kastet glans over mine søndage

Som har gjort en forskel
fra den grå hverdag

# Tab

Grådvis lærer vi
at alt er forgængeligt
at alt kun er til låns
Alt hvad du har
skal du miste
Enhver kærlighed ender ulykkeligt
om ikke før
så siden
Omsider mister du det sidste du har
dig selv
Grådvis lærte vi
at alt kommer til alt
og bliver til intet

# Tal

Jeg er til tal
Det er min måde at forstå
og huske
Verden på

Fornemmelser
indtryk og intuitioner
er gode nok
men det er noget
der er knyttet til
nuet og øjeblikket
I den store helhed er det
flimmer
der forstyrrer
fastholdelsen
og forståelsen

Jeg er til folketælling
og fugletælling
Det bliver til noget
Og optælling og nedtælling
Så sker der noget

Tal skaber orden
Tænk på ordenstallene
Tal er stabile
Dem kan man regne med

Hvad er summen af
kærlighed og omsorg
Kan man gange
en drøm
med et digt
Hvad er kvadratroden af
et smil
Det fortoner sig i det uvisse
og det talløse

Jeg er afhængig af tal
De holder uroen i ave
og angsten på afstand
Tal giver sikkerhed
og tryghed

Hvad skulle man gøre uden tal
når man i den yderste time
skal gøre livets regneark op

Jeg er lykkelig for tal
Alle tal er mine lykketal

# Tanker i mørke

Søren Kierkegaard skrev
Jeg går mig til mine bedste tanker
Niels W. Gade sagde
Mine bedste ideer
får jeg sgu på lokum
Sådan er vi så forskellige

Mine få og små tanker
trives bedst i mørke
som mug og svamp
I dunkle kældre
gror de frem
til de ydmyge vækster
de kan blive til

Mine tanker er lyssky
De er overfølsomme over for
dagen og lyset
som maser den spæde spire
inden den slår rod

Tanken skal værnes
og skærmes
fra verden
og dens påtrængende lys
Den søger skygge
bag tykke mure

hvor den frit kan øve sin flugt
fra tid og sted

Jeg får mine bedste tanker
i dagens mulm og mørke

# Tid og løver

Tiden er som en farlig løve
Kan man ikke fordrive den
må man slå den ihjel
Ikke én gang for alle
men igen og igen
Løverne vælter frem
I én uendelighed
Somme tider synes tiden at stå stille
så man med angst og bæven
kigger lukt ind i det store farlige gab
Så skal man være der med bøssen
Men det er en stakket glæde
Løverne vælter frem
Tiden går ikke
Den kommer
væltende
Hele tiden

# Tidernes forfald

Jeg anklager
Den franske forfatter
Emile Zola
anklagede i 1898 den franske stat
for ved falske sigtelser
at have sendt
officeren Alfred Dreyfuss
til Djævleøen
på livstid
dømt for spionage
Han var jøde


Jeg beklager
Den amerikanske præsident
Bill Clinton
beklagede i 1998
at han havde haft sex med ”That woman”
Monica Lewinsky
hvad han ellers havde benægtet
højt og helligt
for åben skærm

Jeg klager
Den danske sundhedsminister
Bertel Haarder
råbte i 2010
for åben skærm
Jeg klager
efter en journalist
der havde stillet ham et spørgsmål
han ikke kunne svare på
Dumme svin

# Tillid

At en rose er en rose
er en rose
er slået fast
én gang for alle
Jeg vil slå et slag
eller tre
for tilliden mellem mennesker
og fastslå
at
Et ord er et ord
er et ord

# Trængsler

Jeg er trængende
Værdigt trængende
Min trang til at træde af
på egne og naturens vegne
trænger sig mere og mere på
Kigger søgende efter
et skilt
en lille mand
et lille hus

Hurtigt er jeg uværdigt trængende
for ikke at sige
uanstændigt trængende
Skridtlængden er nede på det
absolutte minimum
hvis ordet fremdrift
skal have nogen betydning
Føler mig som skydeskive
for alles blikke
Øjnene står i vand
Sveden perler på panden
Det smelter under armene
Stakåndet forestiller jeg mig
Richard den Tredje råbe i vrimlen
Mit kongerige for en hest
Jeg indlever mig i
hans desperation

Hvad som helst for et lokum
Et lille aflukket rum
hvor jeg kan være alene
med mig selv
og min nødtørft
Et lille offentligt rum
i stedet for det store
offentlige rum
midt i vrimlen

Enhver tanke er
tvunget af omstændighederne
en tvangstanke
Og enhver handling
en tvangshandling
for så vidt
man kan tale om handling
Fremdriften er nu
ikke eksisterende
Her står jeg
jeg kan ikke andet

De forblændede øjne
samt det fastholdte fokus
på det ene fornødne
har effektivt lukket alt ude
Også det lille skilt
der få meter fra min standplads
informerer om akut nødhjælp
til mennesker af begge køn

Som ved forsynets indgriben
falder der skæl fra mine øjne
og det ydmyge retirade
åbenbarer sig i al sin herlighed

Lige så ulogisk det er
at en humlebi kan flyve
får jeg
på mirakuløs vis
overvundet distancen
til genstanden for
alle mine længsler
Aldrig har denne offentlige odeur
kærtegnet mine næsebor
mere himmelsk
Og aldrig har jeg følt en sten
med en sådan tyngde
falde fra mit hjerte
En lettelse uden for ords rækkevidde
En forløsning af
obstetriske dimensioner

Tilbage i det offentlige rum
med fuld skridtlængde
og befriet for alles blikke
indfinder der sig en taknemmelighed
over at kommunen
i sin uendelige omsorg
lod dette hus opføre

Og der sendes en tak til forsynet
for at vore skæbner
husets og min
krydsedes
netop på et tidspunkt i mit liv
hvor jeg var allermest
på spanden

# Udfordring

Det er ikke kun
i Madame Tusseau's Vokskabinet
man skal passe på
med at stå stille
alt for længe ad gangen
det er i det hele taget
Det er vigtigt
at man flytter sig
rør på sig
for ikke at sige
motionerer
bare engang imellem
Man skal af og til
skrue bissen på
og udfordre sig selv
særligt her ved nytårstid

Kom an
din udkogte sofakartoffel
dit umådeligt sløve læs
dit kornfede dovendyr
jeg udfordrer dig
til duel
på liv og død
hvis du fortsætter
på den her måde
så bliver det døden
det er sikkert og vist

Alt har sin tid
den tid du har levet
i total symbiose
med din udbombede sofa
og i kronisk tv-koma
den tid er forbi
nu er det nye tider

Rejs dig fra dit sløve liv
fra dit galoperende
alderdomssløvsind
og tag kampen op


Rolig nu
man skal vælge sine kampe med omhu
jeg har jo min
godt fremskredne alder
imod mig
For mig er løbet kørt
alt det der
er alt for sent

Sådan skal du ikke sige
Når det drejer sig om
at ændre kursen i sit liv
så er det aldrig for sent

Hvis du tager det på den måde
så tror jeg
at jeg venter lidt endnu

# Udmeldelse

Jeg mærker tydeligt
at dagen i dag
ikke er min dag
Lige som natten i nat
ikke var min nat

Der skal holdes lav profil
hele dagen
Jeg vil lægge mig på ryggen
og flyde med strømmen
som en død fisk
med bugen i vejret
i nattøj og med morgenhår
hele dagen
helt for mig selv

I dag får tingene lov til
at gå under min radar
jeg vil ikke opfange noget
Eller over min forstand
jeg vil ikke forstå noget

Jeg vil ikke involveres
inviteres
inspireres
infiltreres
eller integreres

Alle disse in-ord
vil blive behandlet efter
armslængdeprincippet
ti skridt fra livet
Jeg vil hellere benytte mig af
ud-ordene
udeblivelse
udelukkelse
udmelding
og udrangering

Skulle jeg overhovedet læse noget
bliver det ikke noget med bid i
Det skal kunne tygges
uden tænder

Verdenssituationen
skal koges ned til
få sætninger
Og koges ud
så den kan indtages
med sugerør

Det er heller ikke dagen
hvor jeg skal holdes fast på noget
Jeg skal holdes af
stryges med hårene

I dag skal jeg ikke
ud blandt andre
Jeg skal ikke
måles og vejes
og findes for tung
Ikke i dag

I dag vil jeg følge mit motto
Hellere ligge på langs
end komme på tværs

Hvis jeg ligger på ryggen
med bugen opad
og forholder mig i ro
så skal min dag nok komme
Alt kommer til den
der kan vente
Jeg har ventet i 45 år

# Under to øjne

Alvorlig samtale med mig selv
Inden uret falder i slag
og inden falderebet falder

Har du gjort andet end at tænke på dig selv
Har du også tænkt på andre
På de sultne
på de fattige
på de rige
Vi er jo alle lige

Har du troet på Gud
også efter dit syvende år
Har du forsaget djævlen
og alle hans ugerninger
og al hans uvæsen

Har du været beredt
Gjort din pligt
Tjikker Likker tjaw tjaw tjaw
Har du ydt
før du har nydt
Har du været solidarisk
og loyal
for ikke at sige royal

Har du gjort din borgerpligt
Har du stemt
Har du stemt på de rigtige

Har du elsket din næste
og din kone
som dig selv
Har du leget med dine børn
Har du besøgt din syge moster

Har du sagt til og fra
Sagt ja og nej
Har du udnyttet tiden
uden at udnytte andre

Har du forholdt dig til
det store spørgsmål
At være
eller ikke være
Og har du givet det rigtige svar

Har du overhovedet lavet andet
end at sidde
isoleret
gemt
og glemt
og skrevet det ene digt
efter det andet

Svarerne på quizzen
findes på side 35 nederst

# Det egocentriske verdensbillede

Engang troede mennesket
at hele universet drejede sig
om jorden
Det var solen
der bevægede sig
Den gik op og ned
og skabte dag og nat på jorden
som var det
stillestående centrum
Det geocentriske verdensbillede

Mennesket voksede
Det voksede så meget
at det kunne se ud over sin egen næsetip
Og hvad så det
Det så
at det var solen
der var i midten
og at jorden
sammen med andre planeter
drejede sig om solen
Det heliocentriske verdensbillede

Det er en viden
der i dag ligger brak
Mange har brug for
at starte forfra

for at finde ud af
hvad det hele drejer sig om
og svaret ligger lige foran næsen
Det drejer sig om mig
Alt drejer sig om mig
Min navle
er verdens navle
og min ende
er verdens ende
Det egocentriske verdensbillede

# Vor herre bevares

Gud være lovet
at jeg aldrig blev
statsminister
At jeg aldrig nogensinde
fik mulighed for
at samle så megen
politisk magt
at jeg kunne gøre en forskel
En stor forskel
for de fattige
og de syge
og de ulykkelige
og for dem
der for længst har givet op
og er faldet ned gennem det hele
helt ned til samfundets bund
Gud fader bevares

Gud være lovet
at jeg aldrig blev
så god en digter
at jeg gik rundt
og hvert øjeblik
var i fare for at blive tildelt
Nobelprisen i litteratur
Tænk at blive mødt med
så megen

verdensomspændende anerkendelse
for sine små vers
at de i ét nu
blev ophøjet til
verdenslitteratur
Og tænk som tillæg
at blive beriget med
9 millioner kroner
godt nok svenske
men alligevel
Vor herre bevares

Gud være lovet
at jeg bare fik lov til
at være mig selv
At leve på en sten
hvor der kun er plads til en
At leve som en eremit
langt fra verdens
gode humør
og langt fra den kærlighed
der trives mellem mennesker
Og milevidt fra den hjerteven
der kunne opfylde
alle min drømme og længsler
om den eneste ene
I fryd og gammen
Vor herre bevar mig vel

# Årsskifte

Med det ene ben i graven
og det andet i vand til knæet
halter året mod sin udgang
I mørket langs husmurene
og med kasketten trukket godt ned i panden

Det er ikke et normalt år
der her krabber sig de sidste meter
hen ad dødsgangen
Ok normalt på den måde
at der har været en masse fødselsdage
Hvad det angår
så har hver dag været en fest
Men det tæller ikke rigtigt
for sådan er det jo hvert år

Det døende år har stået for den ene rekord
efter den anden
Aldrig har det blæst så meget
og aldrig har det regnet så meget
på én gang

Dybe lavtryk har hærget landet
Forfulgt af storme og orkaner
så voldsomme
at adskillige mennesker
blæste ud af deres gode skind

Og ikke nok med det
så mistede flere faldefærdige flækker fodfæstet
og sejlede helt ud af landkortet
Ingen har set dem siden
Borte med blæsten

Og alt det der ikke blæste væk
det regnede væk
Kom vandet ikke fra oven
kom det fra neden
Det væltede op af nedløb og afløb
af brønde og kloakker
Alt sejlede
Den voldsomme blæst
og den voldsomme regn
fik vandstanden i en almindelig dagligstue
til at stige faretruende
Mange har skåret vandstandsmærker i bordbenene
for at huske på
hvor vådt det var det år
For ikke at glemme alle dem
der i fuld orkan
tog på deres sidste rejse
på ryggen af en gammel havelåge
eller noget
ud mod fjerne horisonter
Vores tanker går til de efterladte

Og for første gang nogensinde
har der været folk
der døde af skuffelse
og græmmelse
over det dårlige vejr
Ja det år har været et af de slemme

Forbitrede sjæle har foranstaltet en indsamling
til rejsning af en skamstøtte
over det forbandede år
Hos stenhuggeren er der bestilt følgende smædetekst

Tak for året der gik
Det kunne ikke gå hurtigt nok

2019
Anus horribilis

# Den gamle mand og barnet

Jeg er blevet bedstefar
Ingen højere lykke
kan vederfares en gammel mand
Verdens sødeste baby
Verdens gladeste forældre
Slægten føres videre
Min sjæl hvad vil du mere

Og man er selvfølgelig fra dag et
parat til at træde
et skridt eller to tilbage
så den lille ny
kan får den plads
der tilkommer den

Det gør jeg sammen med katten
der før var det unge pars stjerne
når der skulle sendes
billeder og videoer ud
til alverden
Nu ligger katten for det meste
under sofaen og surmuler over
sin skæbne
Hvis den lå der under sofaen
og døde af sorg og græmmelse
ville der garanteret gå lang tid
før nogen begyndte at lugte noget

Ordet savn ville ikke forekommer i dødsannoncen
Det var i sandhed barnet
her og der og alle vegne
Den nybagte bedstefar
kunne før i tiden
af og til
i ny og næ
godt ses på et billede
sammen med katten
Men de dage er forbi
Dog har jeg set et fotografi
hvor jeg uforvarende
er kommet med
halvt skjult bag en standerlampe
Men skulle jeg
i min tiltagende demens
forvilde mig hjemmefra i
forvirret tilstand
så ville de ikke have et
retvisende billede
at vise politiet
Men jeg klager ikke

Så gløder fjæsbogen igen
Talløse nærbilleder
af barnets undermund
Kan alle se det mikroskopiske hvide
der titter frem
Den første tand

Familie og venner trommes sammen
Det er næsten en fest
Kransekagen går rundt
Der holdes taler
Det er utroligt
hvad der kan siges om noget
der endnu ikke er en tandstump
Jeg forsøger at trænge gennem
den massive babysnak
for at fortælle om min nyeste tand
En stifttand til 25.000 kr
Folk kigger på mig
med undrende øjne
og smiler åndssvagt
Jeg føler mig som en turist
blandt venligtsindede indfødte
der bare står og ser imødekommende ud
uden at forstå det mindste
Jeg mumler så noget om
med henvisning til det astronomiske beløb
at det ikke er forbeholdt babyer
at have ondt for tænder
Men også det går hen over hovedet
på de indfødte
Men jeg klager ikke


Første skridt uden at falde
Formidabelt
Belært at bitter erfaring

skal jeg ikke have noget af at nævne
at jeg lige har afsluttet en
10 km lang cykeltur
på to hjul
uden at falde
Selv om barnet mister fodfæstet otte gange
inden det lykkes at tage det første skridt
fra hånd til hånd
så skal der ikke herfra lyde nogen form for
bebrejdelse
Det er en præstation
ud over det sædvanlige
som jeg af hele mit hjerte håber
at den lille vil bygge videre på
Og så må vi jo se
hvad det kan blive til
En henkastet bemærkning
om at jeg i en alder af 21
blev nr 5 ved de jyske mesterskaber
i hækkeløb
forbliver henkastet
og fejet ind til katten
under sofaen
Men jeg klager ikke
Den gamle mand kan konstatere
at barnebarnet udvikler sig lige efter bogen
med store præstationer
på udvalgte områder
og mindst lige så stor applaus

Men hvad overgår
den første pølle i potten
Billedet står skarpt
Barnet på potten
Derefter et nærbillede af den lille pølse
Oprømt stemning i stuen
I baggrunden ses katten
luske ud i køkkenet
med halen mellem benene
Her skal ikke underholdes
med egne erfaringer
i pottesidning
Mine tanker går der i mod
til det ældrehjem
jeg nok om føje år
må kalde min bolig
Mon den første pølle i bleen
vil blive modtaget
med lige så stor begejstring
Det er jeg meget usikker på
Men jeg skal ikke klage

Lærdommen af den første tid
som bedstefar må være
Nyd jublen over dine triumfer
mens tid er
Indkasser i nuet
de stående ovationer
for dine fabelagtige præstationer

Rank dig i folkets hyldest
mens du stråler og skinner
Du kan ikke komme
så mange år efter og tro
nogen kan huske noget som helst
Tiden har generelt
en meget dårlig hukommelse
Du må efter dine stjernestunder
affinde dig med
at det hele
stille og roligt
går ned ad bakke
uden der er nogen
der klapper af det
Alt har sin tid
Enhver har haft sin tid
Sådan er det
og det skal man ikke klage over